기독교문서선교회 (Christian Literature Center: 약칭 CLC)는 1941년 영국 콜체스터에서 켄 아담스에 의해 시작되었으며 국제 본부는 미국 필라델피아에 있습니다.
국제 CLC는 59개 나라에서 180개의 본부를 두고, 약 650여 명의 선교사들이 이동 도서차량 40대를 이용하여 문서 보급에 힘쓰고 있으며 이메일 주문을 통해 130여 국으로 책을 공급하고 있습니다. 한국 CLC는 청교도적 복음주의 신학과 신앙 서적을 출판하는 문서선교기관으로서, 한 영혼이라도 구원되길 소망하면서 주님이 오시는 그날까지 최선을 다할 것입니다.

추천의 글

폴 챔벌레인 박사 (Paul Chamberlain, Ph. D.)
트리니티웨스턴대학교 윤리학·리더십 교수

내가 이 책의 저자인 김희진 선교사를 처음 만난 것은 그가 트리니티웨스턴대학교(Trinity Western University)의 ACTS신학대학원(ACTS Seminary)에 재학하던 당시 교수와 제자의 사이로서였지만, 이후 돈독한 관계로 다시 인연을 이어가게 된 것은 몇 년 전 그가 나의 책 두 권을 한국어로 번역하게 되면서부터였다. 그의 열정과 전문적 식견에 힘입어 그 두 개의 작품이 성공적으로 세상에 나오는 것을 지켜본 일은 나에게도 귀중한 경험이 되었다.

회심 이후 저자가 걸어온 길을 주님이 말씀으로 주신 가르침에의 연구와 묵상의 연속이었다고 정의하더라도 그리 지나친 말은 아닐 것이다. 신학생으로 성경을 꼼꼼히 공부하며, 파라과이에서 교육 선교사로 섬기면서, 그리고 신학 서적들을 영어에서 자신의 모국어인 한국어로 번역하며 쌓은 경험을 통해, 그는 성경이 가르치는 다양한 원칙과 교훈에 대한 값진 통찰력을 키워 왔다.

이 책의 독자들은 지금까지 성경을 읽으면서 한 번도 발견하지 못했던 지혜들이 너무도 쉽고 자연스럽게 눈앞에 펼쳐지는 경험을 누릴 수 있을 것이다. 자신이 어떻게 그것들을 여태껏 깨닫지 못했는지 신기하게 여기게 될 지도 모르겠다.

믿는 이들이 같은 공간에 함께 모이기가 여러 이유로 인해 어렵기만 한 지금, 말씀에 대한 갈급함을 가진 이들에게 『숨은 말씀 찾기』는 무척 특별한 자료가 될 것으로 여겨진다. 이 책이 성경의 핵심적 진실과 원리들을 마치 보물찾기 하듯 발견해 낼 수 있는 값지고 뿌듯한 경험을 선물한다는 점에서 말이다.

그 가운데의 어떤 사실들은 무척 놀라울 수도 있을 것이다. 예를 들어 우리는 약할 때 진실로 강할 수 있다는 전제인데, 과연 어떻게 그럴 수 있단 말인가? 다소 당황스러운 주장이지만, 우리의 인간적 가치관과 정반대로 주님의 강함이 우리의 약함을 통해 완벽해지기 때문이라는 사실이 책을 통해 명확히 설명되고 있다.

또한 이 책은 시간을 두고 곱씹으며 숙고해야 할 진실들, 즉 어렵고 불안한 상황 속에서 각자가 할 수 있는 최선의 행동은 가만히 주를 기다리는 일이라는 가르침 역시 우리에게 전달해 준다. 작가가 지적했듯 이것은 성경 전반에서 반복적으로 공명되는 교훈인 동시에 대부분의 사람들이 가장 하기 어려워하는 일이기도 하다. 어떻게든 조취를 취하면서 바삐 움직이려 하는 것이 우리 대다수의 성향이기 때문이다.

한편 또 다른 가르침은 우리를 격려하며 영감을 주기도 한다. 우리 가운데 영생을 "시간의 분량(quantity of days)" 아닌 "삶의 질(quality of life)"로 이해하는 사람들이 과연 얼마나 될까? 하지만 작가가 알려주듯, 성경은 영생을 바로 이런 관점으로 설명한다. 영원한 삶이란 하나님을 앎이 주는 양질의 삶을 사는 것이고, 예수 그리스도를 통한 하나님의 초대를 받아들이기만 한다면 누구나 즉시 그분을 알 수 있기 때문이다. 이 세상에서의 삶이 끝날 때까지 기다려야 할 필요는 없으며, 그렇기에 우리 모두가 할 수 있는 가장 중요한 선택은 지금 이 순간 하나님을 알고자 노력하는 일이다.

나는 이 책이 독자들을 흡인하고 계속 눈을 떼지 못하도록 만들 힘 있는 작품이라는 것을 믿어 의심치 않는다. 인류에게 가장 중요한 진실들을 다루고 있는 이 책을 통해 독자들이 말씀을 붙들고 분투하며 또한 위로 받기도 하며, 더욱 배우고 성장하기를 기도한다.

성경 에세이

숨은 말씀 찾기

Journey to the Center of Scriptures
Written by Hee Jin Kim
Korean Edition Copyright © 2022 by Christian Literature Center, Seoul, Korea.

숨은 말씀 찾기

2022년 11월 20일 초판 발행

지 은 이 | 김희진

편　　집 | 배기동
디 자 인 | 박성숙, 서민정
펴 낸 곳 | (사)기독교문서선교회
등　　록 | 제16-25호(1980.1.18.)
주　　소 | 서울특별시 동대문구 천호대로71길 39
전　　화 | 02-586-8761~3(본사) 031-942-8761(영업부)
팩　　스 | 02-523-0131(본사) 031-942-8763(영업부)
이 메 일 | clckor@gmail.com
홈페이지 | www.clcbook.com
송금계좌 | 기업은행 073-000308-04-020(사)기독교문서선교회
일련번호 | 2022-126

ISBN 978-89-341-2508-2 (03230)

이 책의 출판권은 (사)기독교문서선교회가 소유합니다.
신저작권법에 의하여 한국 내에서 보호받는 저작물이므로 무단 전재와 무단 복제를 금합니다.

성경 에세이

숨은 말씀 찾기

김희진 지음

CLC

목차

추천의 글   폴 챔벌레인 박사(Paul Chamberlain, Ph. D.)   1
트리니티웨스턴대학교 윤리학·리더십 교수

들어가는 글   11

1. 연약함을 자랑하라   14
2. 주님만을 자랑하라   20
3. 승리는 주님이 주신다   26
4. 네 앞서 가겠다   33
5. 너와 함께하겠다   39
6. 너는 내 것이다   46
7. 나는 네 편이다   53
8. 너를 잊지 않겠다   59
9. 잠잠히 주님을 기다리라   66
10. 주님을 찾고 구하라   73
11. 주님께 소망을 두라   81
12. 염려하지 말라   89
13. 두려워하지 말라   95
14. 사람에게 의지하지 말라   102

15. 자신의 지혜에 의지하지 말라	110
16. 도움은 주님으로부터 온다	116
17. 내가 주임을 알게 되리라	122
18. 하나님을 알라	129
19. 하나님을 인정하라(1)	136
20. 하나님을 인정하라(2)	143
21. 하나님을 경외하라	150
22. 하나님께 순종하라	158
23. 하나님을 사랑하라	166
24. 하나님을 찬양하라	174
25. 하나님을 기쁘시게 하라	182
26. 행하신 일을 기억하라(1)	191
27. 행하신 일을 기억하라(2)	199
끝맺는 글	207

/ 일러두기 /

- 성경 본문과 기타 인용문에 사용된 한글의 볼드체와 영어의 이탤릭체는 내용의 강조를 위해 저자가 첨부한 것입니다.
- 본문에서 인용한 『우리말성경』은 두란노서원에서 발행한 성경 번역본입니다.
- 별도로 표기되지 않은 성경 구문은 『개역개정』을 인용한 것임을 밝힙니다.

들어가는 글

　우리가 이 땅에서의 삶을 사는 동안 이룰 수 있는 가장 의미 있는 일, 그리고 습득할 수 있는 가장 가치 있는 지식이 과연 무엇일까요? 하나님과의 인격적 만남을 체험한 후 삶의 진정한 의미와 가치에 눈뜬 사람이라면 그의 인생에서 가장 의미 있는 일은 "하나님의 뜻을 깨달아 그 뜻에 순종하며 살아가는 과정" 자체일 것이고, 가장 가치 있는 지식이란 "하나님의 말씀에 대한 연구와 숙고를 통해 배우고 느끼게 된 사실들"일 것입니다.

　저는 신학 서적 번역과 성경 관련 연구 등의 문서 선교를 소명으로 삼고 있는 캐나다 거주 사역자입니다. 수년 전 파라과이에서 교육 선교사로 섬기는 동안 말씀 읽기에 집중적으로 몰두할 수 있는 흔치 않은 기회를 얻었는데, 거의 성경 통독에만 전념하도록 허락된 7개월의 기간 동안 한 달에 1독을 하며 각기 다른 영어와 한국어 버전으로 7독을 하는 무척 귀한 시간을 갖게 되었습니다. 당시의 경험을 통해 새삼 깨닫게 된 사실은, 성경의 다양한 버전들을 서로 비교하며 읽음으로써 어떤 한 가지의 버전만으론 무심히 지나쳤을 내용을 놓치지 않고 살필 수 있는 안목이 생긴다는 것과, 특정한 하나의 버전 안에서도 전에는 미처 깨닫지 못하던 부분들을 어느 순간 새로운 관점으로 바라보도록 도우시는 하나님의 은혜가 주어진다는 것이었습니다. 정확한 비유는 아니지만 과거에 이미 읽거나 보았던 소설과 영화들도 개정본이나 리메이크판에 따라, 그리고 접하는 사람의 시점이나 상황에 따라 전과 다른 감흥을 갖게 되는 것과 유사한 경우라고 말할 수 있겠습니다. 그때의 '신선한 충격'은 저로 하여금 서로 연관되거나 공통점이 있는 구절들을 묶어 성경의 빈 칸에 기록하는 습관을 만들어 주었고, 이후 그 기록들을 볼 때마다 당시의 감사와 감동을 누군가와 나누고 싶다는 소망을 갖도록 했으며, 결국 이렇게 그 소망의 실현을 위해 발걸음을 내딛는 작은 실천의 동기가 되었습니다.

인생에서 가장 의미 있는 일(하나님의 뜻을 깨달아 그 뜻에 순종하며 살아가는 삶)을 수행하는 데에 반드시 필요한 가장 가치 있는 지식(하나님의 말씀에 대한 연구와 숙고를 통해 배우고 느끼게 된 사실들)을 읽는 이들과 공유하고 싶은 소망으로 시작했던 저의 블로그가 어느덧 1년여의 시점을 맞는 지금, 그 글의 일부를 정리한 내용이 한 권의 책으로 묶이게 되었습니다. 짧지 않은 지난 시간 동안 블로그를 통해 꾸준히 글을 올렸던 것과 그 글들이 이렇게 한 권의 책으로 세상에 나오게 된 것은 언제나 저의 사역을 응원해 주는 가족들이 있었기에 가능한 일이었습니다. 제가 하고자 하는 바는 무엇이든 지지하며 묵묵히 지켜봐 주는 남편은 물론, 믿음직한 동역자이자 가장 친한 친구의 자리를 든든히 지키고 있는 딸에 대한 감사는 아무리 '강력히' 표현해도 지나치지 않을 것입니다. 늦은 나이에 영어권의 젊은 사역자들과 경쟁하며 공부해야 했던 신학대학원 시절, 그 긴 5년의 시간 동안 중학교를 거쳐 고등학교에 진학하는 시기를 지내던 딸은, 끊임없는 시험과 과제에 치여 식사 시간과 수면 시간까지 줄여야 하는 저를 위해 산더미처럼 쌓인 신학 서적을 같이 읽고 책의 요점 정리를 도와 주며, 때로는 과제물의 주제도 함께 논의하고 정리하면서, 신체적 성장보다 주님에 대한 신뢰의 성장을 더 크게 이뤄 냈습니다. 저의 번역서들이 출간될 때마다 교정과 감수 등 여러 실질적 도움을 주며 주님과의 사랑의 깊이를 더욱 심화했던 것과 함께 말이지요.

지금 우리의 모든 대화가 하나님 찬양으로 귀결되고, 하나님에 관한 이야기라면 밤을 새워 나눠도 끝이 없을 정도에 이르게 된 것은, 그간의 상황들을 하나도 빠짐없이 선용하신 주님의 놀라운 은혜라 고백하지 않을 수 없습니다. 우리 삶의 목적과 본질이시자 우리 가족의 구원자 되시는 주 하나님, 진실로 완벽하며 한 치의 오차도 없으신 역사를 직접 체험하고 간증할 수 있도록 허락해 주신 그분께 감사와 찬송을 높이 올려 드립니다.

2022년 5월 캐나다에서
김희진

1

연약함을 자랑하라

　높은 산에 올라 앉아 성냥갑만큼이나 작아진 집과 건물들을 바라보고 있노라면, 더욱이 비행기의 창문을 통해 그 높은 산조차도 작은 점 하나에 지나지 않을 만큼 축소된 모습을 내려다보고 있다 보면, 그런 자그마한 세상 속에서 별 것도 아닌 일들에 아등바등하며 '목숨을 걸던' 자신의 모습이 답답하고 어리석게 느껴지곤 하지요. 마찬가지로, 눈앞에 닥친 문제에만 온통 정신을 집중하고 스스로의 힘으로 해결해 보겠다고 애를 쓸 때는 실타래처럼 엉켜 있던 복잡한 마음도 고개를 돌려 시선을 하나님께로 향하는 순간 단번에 풀어지고 정리되면서, 그 모든 세상 일들의 하찮고 부질없음이 불현듯 깨달아집니다.

　"당신이 하나님 안에서 나이를 먹어 가는 그리스도인이라면, 마땅히 당신은 점점 더 하나님께 가까이 가야 하고, 그분은 당신께 점점 더 가까이 오셔야 하며, 다른 것들은 점점 더 작아져야 한다"라는 A. W. 토저(A. W. Tozer)의 인상적인 말이 기억날 때면, 하나님 안에서 나이를 먹어 가는 그리스도인인 제가 과연 그런 삶을 살고 있는지 스스로에게 되묻게 되곤 합니다. 그 "다른 것들" 중에도 특히 "자기 자신"의 '작음'을 매 순간 상기하며 고백하는 자세가 우리 믿는 이들에게 요구되는 기본적 자격 조건임을 기억하면서 말입니다.

이 책의 첫 장인 "연약함을 자랑하라"를 통해 다루게 될 말씀은 "우리의 연약한 부분을 사용하시는 하나님의 능력"에 대한 구절들로, 이 주제가 대부분의 기독교인들에겐 "나에게 이르시기를 내 은혜가 네게 족하도다 이는 내 능력이 약한데서 온전하여짐이라 하신지라 그러므로 도리어 크게 기뻐함으로 나의 여러 약한 것들에 대하여 자랑하리니 이는 그리스도의 능력으로 내게 머물게 하려 함이라"라는 고린도후서 12장 9절을 가장 먼저 떠오르게 할 것으로 짐작되지만, 그뿐만 아니라 <거룩하신 하나님>이라는 제목으로 우리나라에 소개된 <Give Thanks>라는 찬양의 가사에 의해서도 부지불식중 친숙하게 느껴질 내용이 아닐까 생각합니다.

우리의 죄를 대속하도록 예수님을 이 땅까지 보내 주신 아버지 하나님과 그에 순종하신 아들 예수님께 온전한 감사를 올려 드리는 이 찬양에서의 "내가 약할 때 강함 주고 가난할 때 우리를 부요케 하신 나의 주 감사"로 번안된 노랫말(Let the weak say "I am strong," let the poor say "I am rich," because of what the Lord has done for us)이 "약한 자도 이르기를 나는 강하다 할지어다"라는 요엘서 3장 10절과 "하나님께서는 세상의 가난한 사람을 택하셔서 믿음에 부요한 사람이 되게 하시고"(새번역)라는 야고보서 2장 5절을 접목시킨 가사이기 때문이지요.

거듭난 기독교인이라면 누구나 깊이 공감할 이 말씀들은 신구약을 관통하며 성경의 핵심을 이루고 있는 메시지인 동시에, 자신의 약함을 사용해 주님의 강하심을 즐겨 드러내던 사도 바울의 서신서 곳곳에서 발견되는 주제이기도 합니다.

"꼭 자랑을 해야 한다고 하면, 나는 내 약점들을 자랑하겠습니다"(새번역)라며 스스로의 연약함을 '뽐내고' 있는 고린도후서 11장 30절은 "내가 이런 사람을 위해 자랑할 것이나 나 자신을 위해서는 약한 것들 외에 자랑하지 않겠습니다"(우리말성경)라는 12장 5절의 고백을 이끌어 낸 바울 자신의 영적 체험과 계시(고후 12:1-4)에 바탕을 둔 것으로, 이들 주장의 이유를 설명하기 위해 제시된 같은 장 10절의 "그것은 내가 약할 그 때에, 오히려 내가 강하기 때문입니다"(표준새번역)라는 말씀에 따르면, 인간의 연약함이 도리어 하나님의 강하심이 발휘되는 통로임을 보증하는 자신감 넘치는 선포로까지 범위가 확대됩니다.

하지만 인간의 연약함을 안쓰럽게 여기심으로 그 부족함을 무한한 능력 발휘의 매개체로 선용(고전 1:27-28)하면서 세상의 상식을 뒤집으시는 하나님의 면모는 이보다 훨씬 앞서 기록된 구약의 여러 말씀들에 의해 이미 입증된 바 있습니다.

이스라엘이라는 민족을 형성하고 사용하기로 작정하셨던 하나님 역사의 초기 기록 즉 창세기에서, "큰 자(the older)가 어린 자(the younger)를 섬기리라"(창 25:23)라며 고대 중근동 지역의 풍습상 마땅히 월등한 권리와 혜택을 누릴 위치에 있는 장자(에서)가 훨씬 불리한 입장의 차자(야곱)를 섬기리라고 하신 말씀 자체가 당시의 일반적 상식과는 거리가 먼 것이었으며, 가나안 입성을 앞두고 베풀어진 신명기 설교를 통해 "여호와께서 너희를 기뻐하시고 선택하신 것은 너희가 다른 민족들보다 수가 많아서가 아니다. 너희는 오히려 민족들 가운데 수가 가장 적었다. 이는 오직 여호와께서 너희를 사랑하셨고"(우리말성경)라고 한 모세의 냉철한 지적(신 7:7-8)이나 "주여 내가 무엇으로 이스라엘을 구원하리이까 보소서 나의 집은 므낫세 중에 극히 약하고 나는 내 아비 집에서 제일 작은 자니이다"라던 기드온의 솔직한 고백(삿 6:15), 그리고 "저는 이스라엘 지파 가운데 가장 작은 베냐민 지파 사람이 아닙니까? 게다가 저희 가정은 베냐민 지파 가운데서도 가장 보잘것없는 가정이 아닙니까? 왜 제게 그런 말씀을 하십니까?"(우리말성경)라는 사울의 소심한 질문(삼상 9:21) 모두가 약하고 부족한 이들을 선택해 사용하시겠다는 하나님의 결단을 방증해 주는 구절들이니까요. 물론 이후의 실족과 타락으로 하나님의 이름에 누를 끼치고 스스로도 축복된 자리에서 물러앉게 된 것은 그들 자신의 실책이지만 말입니다.

그런 한편으로, 애초부터 워낙 겁이 많았기 때문인지 그 '독특한' 양털 시험을 두 번이나 거치고도(삿 6:37-40) 하나님께서 한 번 더 확증을 주신 후에야 비로소 전쟁에 임했던(삿 7:9-15) 기드온의 유별난 조심성과, 사무엘로부터 기름 부음 받은 사실을 남들에게 자랑하지 않았으며(삼상 10:16) 자신이 왕으로 추대될 때는 오히려 뒤편에 숨어 있었고(삼상 10:22) 자기를 무시하면서 왕으로 인정하지 않는 사람들의 불쾌한 말까지 잘 참아 넘기던(삼상 10:27) 사울의 소심하지만 신중한 태도를 보면, 그들도 처음부터 경솔하고 교만했던 사람들은 아니었음을 짐작하게 됩니다. 하지만 그랬던 그들이 주변 사람들의 추대와 칭송(삿 8:22-27; 삼상 10:24; 11:12)에 들뜨고 마치 자기 스스로의 능력으로 그런 자리에 오르거나 한 듯 착각하기 시작하면서 위험한 조짐이 엿보이게 되었던 것이지요.

인간의 본성으로만 생각한다면 육체적인 면에서든 정신적인 면에서든 자신의 연약함을 기뻐하며 자랑할 사람은 아마 이 세상에 존재하지 않을 것입니다. 게다가 자존감이 그리 대단치 못한 우리 대다수의 경우에는 본인의 연약함을 공공연히 드러내어 말한다는 것조차 쉽지 않은 일일 수 있습니다. 그래서인지 오늘날 세상에서는 능력 있고 자신감 넘치는, 소위 '쎈' 사람들이 주위의 부러움과 흠모의 대상이 되는 경우도 흔히 보지만, 학창 시절 들었던 심리학 강의의 내용을 되짚어 보면 타인에게 세고 강한 인상을 주고 싶어 하는 사람일수록 자신의 연약한 부분을 드러내지 않기 위해 남들 앞에서 더 센 척, 강한 척을 하는 것이라 추측할 수 있습니다.

저 역시 하나님을 모르고 살던 시절에는 스스로의 나약함에 직면할 때마다 그 엄연한 사실에는 눈을 감은 채 부족한 부분을 다른 무언가로 보충하거나 상쇄시키고자 노력했고, 가끔 남들에게 제 자신의 약점을 언급하는 일마저 겸손과 겸양을 가장하는 방편이 되기도 했습니다. 그런 측면에서 작가인 조니 요더(Joanie Yoder)가 피력했던 "우리가 하나님의 필요성을 진심으로 인정할 때만 하나님께서 우리에게 능력을 부여하실 수 있기에 그것이 바로 우리 연약함의 이점이자 장점"이라고 한 제언은, 이같이 어리석은 인간의 자조(自助) 혹은 자구(自求) 노력의 무용성을 지적하는 일침으로도 해석될 수 있을 것입니다.

바울 신학의 정수인 동시에 "인간의 연약함이 그 약하고 깨지기 쉬운 그릇에 하나님의 크신 능력을 담는 도구"임을 알려 주는 고린도후서의 여러 구절 중에서도 특히 "그리스도는 약한 가운데 십자가에 못 박히셨으나 하나님의 능력으로 살아나셨기 때문입니다"(우리말성경)라고 선포하는 13장 4절은, 사도 바울이 끊임없이 자신의 연약함을 드러내며 자랑할 수 있었던 이유가 육신의 연약함 가운데 하나님의 능력을 드러내는 일에 먼저 본을 보이신 주님이 계셨기 때문임을 깨닫게 합니다.

우리가 진정한 예수님의 제자이고 그분이 선지자와 사도들을 통해 주신 말씀을 글자 그대로 믿는 하나님의 자녀라면 위의 구절에 이어지는 다음의 약속을 신뢰함으로써, 자신의 약함에 대한 고백을 역용하여 하나님의 강하심을 자랑하는 일에 그 어떤 주저함도 느끼지 않게 될 것이라 확신합니다. "우리도 그 안에서 약하나 여러분의 일에 대해 하나님의 능력으로 그분과 함께 살 것입니다"(우리말성경).

2

주님만을 자랑하라

　우리의 연약함이 하나님의 크신 능력을 약하고 깨지기 쉬운 그릇에 담는 도구(고후 4:7)로 쓰일 수 있기에 기꺼이 자신의 연약함을 자랑해야 마땅하다는 성경의 가르침을 접할 때면, 그런 만큼 우리가 자랑할 대상은 오직 주님 한 분뿐이고 또한 그분의 귀한 이름뿐이라는 사실을 명시한 신구약의 다양한 말씀들도 그와 더불어 자연스레 떠오르게 됩니다.

　즉, "지혜로운 사람은 자기 지혜를 자랑하지 못하게 하고 힘 있는 사람은 자기 힘을 자랑하지 못하게 하며 부자는 자기 부를 자랑하지 못하게 하라"(우리말성경)라는 예레미야 9장 23절과 이어지는 24절의 "자랑하는 사람은 오직 이것을 자랑하게 하라. 곧 그가 나를 깨달아 내가 이 땅에 인애와 정의와 의로움을 행하는 여호와인 것을 아는 것을 자랑하게 하라"(우리말성경)라는 권면처럼, 우리가 자신의 지혜나 능력, 물질적 재원 등에 대해 자랑하는 것을 기뻐하지 않으시는 하나님께서 그에 반해 당신에 관하여는 정확히 "깨달아" 알기를, 즉 "긍휼과 공평과 공의를 세상에 실현하는 일을 좋아하시는 하나님"(표준새번역, 새번역 참조)임에 대한 분명한 지식을 갖추기 원하시며, 동시에 그와 같은 지식을 적극적으로 표현하는 자세 또한 바라고 계시다고 교훈하는 성경의 여러 구절들을 말입니다.

이뿐만 아니라, "여호와께서 모든 아첨하는 입술과 자랑하는 혀를 끊으시리니"라며 강한 어조로 경고하는 시편 12편 3절이나 "도끼가 어찌 찍는 자에게 스스로 자랑하겠으며 톱이 어찌 켜는 자에게 스스로 큰 체 하겠느냐"라는 말로 앗시리아 왕을 엄히 꾸짖는 이사야 10장 15절과 같이, 창조주이신 여호와를 경시한 채 자신의 힘과 능력에만 의지하는 교만한 이들을 향해 하나님께서 보내시는 훈계의 말씀들도 구약성경 안에서 자주 만나게 됩니다.

그리고 이러한 메시지가 신약성경으로 오면 위의 예레미야 9장 24절 내용을 근거로 "그것은, 성경에 기록한 대로, 누구든지 자랑하는 자는 주 안에서 자랑하게 하시려는 것입니다"(표준새번역)라고 제언하는 고린도전서 1장 31절과 "자랑하려는 사람은 주님 안에서 자랑하여야 합니다"(표준새번역, 새번역)라고 권고하는 고린도후서 10장 17절 등으로 그 주제가 다시 연결되지요.

이와 같은 구절들이 하나님의 입장에서 우리에게 일러 주시는 말씀이라면, 그 말씀에 화답이라도 하듯 시편 기자들이 선포했던 "나 오직 주님만을 자랑할 것이니, 비천한 사람들아, 듣고서 기뻐하여라"(표준새번역, 새번역), "우리는 언제나 우리 하나님만 자랑합니다. 주의 이름만 끊임없이 찬양합니다"(표준새번역)라고 하는 34편(다윗의 시) 2절과 44편(고라 자손의 시) 8절의 경우는 인간의 입장에서 하나님에 대한 자랑을 통해 자신의 믿음을 고백하고 있는 구절에 해당합니다.

사도 바울이 기록한 서신서 가운데에도 "우리는 또한 그리스도로 말미암아 지금 서 있는 이 은혜의 자리에 믿음으로 나아왔고, 하나님의 영광의 자리에 참여할 소망을 품고 자랑을 합니다"(표준새번역), "그뿐만 아니라, 우리는 또한 우리 주 예수 그리스도로 말미암아 하나님을 자랑합니다"(표준새번역, 새번역)라는 로마서 5장 2절과 11절, "하나님의 영으로 섬기고 그리스도 예수를 자랑하며 육체를 내세우지 않는 우리가 참 할례를 받은 사람들입니다"(우리말성경)라고 기록된 빌립보서 3장 3절 등과 같이, 예수 그리스도와 주님의 영(성령)으로 인해 아버지 하나님을 자랑하고 섬기면서 스스로의 능력을 내세우지 않는 것이 곧 믿는 자의 바른 도리이자 거듭남의 표식임을 천명하는 말씀들을 쉽게 발견할 수 있습니다.

주님만을 그리고 주 안에서만 자랑하기를 권면하는 이러한 구절들은 또한, 전쟁에서의 승리가 인간이 보유한 기능이나 외적 자원에 의해 얻어지는 것이 아닌 만큼 그런 것들은 결코 자랑거리가 될 수 없으며 오직 하나님의 이름과 그 능력에 의지하는 것만이 승리에 이르는 유일한 길임을 알려 주는 구약성경의 말씀들과도 긴밀하게 연결됩니다.

곧, "어떤 이는 병거를 자랑하고, 어떤 이는 기마를 자랑하지만, 우리는 주 우리 하나님의 이름만을 자랑합니다"(표준새번역)라는 시편 20편 7절과 "나는 내 활을 의지하지 아니할 것이라 내 칼이 나를 구원하지 못하리이다… 우리가 종일 하나님을 자랑하였나이다 우리는 하나님의 이름에 영원히 감사하리이다"라는 시편 44편 6-8절, 그리고 "너는 칼과 창과 단창으로 내게 나아 오거니와 나는 만군의 여호와의 이름 곧 네가 모욕하는 이스라엘 군대의 하나님의 이름으로 네게 나아 가노라"라고 한 사무엘상 17장 45절 같은 말씀들이지요.

자신이 소유한 것들과 스스로 이루어 낸 – 사실은 그렇다고 착각하는 – 성취들에 대해 자랑하고 싶은 육신적 욕망을 접고 그 공적을 다른 누군가에게 돌리는 것은 우리 중 누구에게도 쉽지 않은 일일 것입니다. 그렇기에 인간적으로는 거의 불가능하다고까지 할 이런 마음 자세에 이르기 위해서는, 다시 말해 "내게는 우리 주 예수 그리스도의 십자가 외에 결코 자랑할 것이 없으니"라는 바울의 고백(갈 6:14)이 우리 삶의 실제적 고백이 되기 위해서, 그 십자가가 나를 향한 주님의 사랑의 결정체임에 대한 절절한 깨달음과 그 사랑에의 보답으로 어떤 삶을 살 것인지에 대한 방향 설정이 선행되어야 하리라고 봅니다.

"우리가 아직 죄인 되었을 때에 그리스도께서 우리를 위하여 죽으심으로 하나님께서 우리에 대한 자기의 사랑을 확증하셨느니라"라는 로마서 5장 8절의 유명한 말씀과 "그리스도께서 우리를 위하여 죽으신 것은, 우리가 깨어 있든지 자고 있든지, 그리스도와 함께 살게 하시려는 것입니다"(새번역)라고 하는 데살로니가전서 5장 10절, "그가 모든 사람을 대신해 죽은 것은 산 사람들로 더 이상 자신을 위해 살지 않고 자신을 대신해 죽었다가 살아나신 그분을 위해 살게 하시려는 것입니다"(우리말성경)라는 고린도후서 5장 15절 등도 그 같은 사실의 견고성을 확인해 주고 있으니까요.

하지만 그리스도께서 우리를 위해 죽으셨을 뿐만 아니라 그 '죽음'을 딛고 다시 '살아나심'으로써 – 위의 고린도후서 5장 15절이 말하고 있듯 – 우리를 모든 속박에서 해방시키고 자유함을 주신 분입니다.

기독교인들이 많이 듣게 되는 말 가운데 "예수님께서 십자가에서 돌아가신 것은 빌라도나 유대인들 때문이 아니며 이 땅에 오신 본래의 목적 자체가 십자가 형이라는 희생으로 우리 죄를 대속시키시려는 하나님 뜻의 성취였다"라는 이야기가 있습니다. 물론 한 점의 흠도 없는 주님이 세상의 온갖 죄를 대신 담당하셨기에 그 때문에 우리의 죄가 깨끗이 사해졌다는 것은 분명하고도 틀림없는 사실이지만, 그럼에도 그것만을 들어 복음의 전부라고 말할 수는 없습니다.

주님의 죽으심으로 우리가 죄사함을 받았다는 사실만을 강조한다면 그것은 반쪽짜리 복음에 지나지 않으며, 예수께서 육신의 사망을 이기고 부활하시면서 모든 어둠의 권세를 물리치고 승리를 거두셨기에 그분을 믿고 따르는 우리도 함께 **승리**하리라는 선포를 통해 비로소 복음이 **완성**되는 것이니까요.

"정사와 권세를 벗어버려 밝히 드러내시고 십자가로 승리하셨느니라"라고 선언하는 골로새서 2장 15절을 위시해 "우리 주 예수 그리스도를 통해 우리에게 승리를 주시는 하나님께 감사를 드립니다"(우리말성경)라는 고린도전서 15장 57절과 "하나님에게서 난 사람은 누구나 세상을 이깁니다. 세상을 이김은 이것이니 바로 우리의 믿음입니다"(우리말성경)라고 하는 요한일서 5장 4절의 증언이 가르쳐 주고 있듯 말입니다.

철학자이자 교수였던 달라스 윌라드(Dallas Willard)의 "초대 교회 신자들이 그토록 어려운 현실 속에서도 용기를 잃지 않고 신앙을 지킬 수 있었던 동력은 예수님의 죽음이 아니라 그분의 **생명** 덕분이었다"는 단언 역시, "그의 많으신 긍휼대로 예수 그리스도를 죽은 자 가운데서 부활하게 하심으로 말미암아 우리를 거듭나게 하사 산 소망이 있게 하시며"라는 베드로전서 1장 3절이나 "내가 그리스도와 그 부활의 권능과 그 고난에 참여함을 알고자 하여 그의 죽으심을 본받아 어떻게 해서든지 죽은 자 가운데서 부활에 이르려 하노니"라는 빌립보서 3장 10-11절, "만일 우리가 그의 죽으심을 본받아 연합한 자가 되었으면 또한 그의 부활을 본받아 연합한 자가 되리라"라고 한 로마서 6장 5절 등과 맥을 같이 하는 주장으로, 이 말씀들을 통해 진실로 우리가 자랑할 대상은 오직 주님뿐임의 이유를 더욱 명확히 이해하게 됩니다.

제가 평소 즐겨 듣고 부르는 찬양곡 <우리를 향한 아버지의 사랑이 얼마나 깊은지>(How Deep the Father's Love for Us)의 노랫말을 본 주제와의 연관성 속에서 음미하면 이 장에서 다룬 말씀들의 의미를 좀 더 깊이 되새길 수 있지 않을까 생각됩니다.

> I will not boast in anything
> 나 그 무엇도 자랑하지 않으리
> No gifts, no power, no wisdom
> 어떤 재능이나 능력이나 지혜도
> But I will boast in Jesus Christ
> 내가 자랑할 것은 오직 예수 그리스도
> His *death* and *resurrection*
> 그분의 **죽으심**과 **부활하심**뿐이기에

3

승리는 주님이 주신다

오래전에 활동하던 팝그룹이긴 하지만 세계적으로 열풍을 일으킨 뮤지컬 영화 <맘마미아>(Mamma mia!) 덕분에 한국의 젊은이들에게도 이름이 꽤 알려졌을 4인조 밴드 "아바(ABBA)"는 지금까지도 사랑받는 수많은 히트곡들을 남겼는데, 그 가운데 특히 감미로운 선율 때문에 중고교 시절 제가 즐겨 듣던 곡은 <모든 것은 승자의 차지>(The Winner Takes It All)라는 노래였습니다.

그런데 하나님을 만난 이후 이 곡이 저에게 전과 다른 의미를 갖게 된 것은 바로 제목이 연상시키는 몇 가지 성경 구절 때문으로 – 물론 가사는 전혀 다른 내용이지만 – "하나님께서는 만물을 그의 발 아래 복종하게 하심으로 그에게 복종하지 않은 것을 하나도 남기지 않으셨습니다"(우리말성경)라는 히브리서 2장 8절과 "하나님께서는 만물을 그리스도의 발 아래에 굴복시키시고, 그분을 만물 위에 교회의 머리로 삼으셨습니다"(표준새번역, 새번역)라는 에베소서 1장 22절, 그리고 "그가 모든 원수를 그 발 아래에 둘 때까지 반드시 왕 노릇 하시리니"라고 선포하는 고린도전서 15장 25절 등이 바로 그러한 말씀들입니다.

사망과 부활로써 어둠의 권세를 이기고 승리하신 예수님 때문에 새 생명을 얻은 우리인 만큼, 하나님의 크신 능력을 드러내는 도구인 자신의 연약함을 기꺼이 자랑해야 함은 물론, 오로지 주님과 그 분의 이름만을 자랑해야 마땅하다는 성경의 말씀들을 앞의 두 편의 글에서 살펴 보았지요. 이렇게 우리가 자랑하는 하나님은 우주 만물의 주관자이자 만유의 지배자이시기에 인간의 미래와 성공 등이 모두 하나님의 능하신 손에 달려 있을 수밖에 없으며, 삶의 궁극적 승리를 누리게 되는 인생 또한 전쟁을 승리로 이끄시는 하나님께 전적으로 의지하는 자만이 얻을 수 있는 선물이라는 점에서, 그 같은 사실을 천명하고 있는 성경의 구절들은 주의 깊게 고찰해야 마땅한 말씀들일 것입니다.

"빠르다고 해서 달리기에서 이기는 것은 아니며, 용사라고 해서 전쟁에서 이기는 것도 아니더라"(표준새번역, 새번역), "군대가 많다고 해서 왕이 나라를 구하는 것은 아니며, 힘이 세다고 해서 용사가 제 목숨을 건지는 것은 아니다"(표준새번역, 새번역)라는 전도서 9장 11절과 시편 33편 16절은 물론, "주께서 허락하시는 승리는 군대의 수가 많고 적음에 달려 있지 않다"(표준새번역)라고 사무엘상 14장 6절이 기록한 요나단의 선포나 "전쟁을 대비하여 군마를 준비해도, 승리는 오직 주님께 달려 있다"(표준새번역, 새번역)라며 잠언 21장 31절을 통해 솔로몬이 남긴 훈계와 같이, 전쟁에서의 승리가 오로지 주님의 손에 달려 있음을 가르쳐 주는 말씀들은 성경에서 어렵지 않게 만나게 되는 교훈입니다. 이런 맥락에서 다윗 역시 "하나님께서 우리와 함께 계시면, 우리는 승리를 얻을 것이다"(새번역)라는 단언을 시편 60편 12절과 108편 13절에서 두 번이나 거듭할 수 있었던 것이겠지요.

기독교인이 아닌 경우에도 많이들 알고 있을 사사기의 기드온 이야기에서 애초 32,000명이던 병력을 그 100분의 1 미만인 300명까지 줄이도록 명령하신 하나님께서 "이스라엘이 내가 아닌 자기 스스로를 자랑하며 '내 손이 나를 구원했다'고 말하지 않게 하기 위함이다"(우리말성경)라며 그에 대해 제시하신 이유(삿 7:2)와 함께 "그들의 주 나 하나님이 직접 나서서 그들을 구출하겠다. 그러나 내가 그들을, 활이나 칼이나 전쟁이나 군마나 기마병으로 구출하는 것이 아니다"(새번역)라고 선지자의 입을 빌어 주신 약속(호 1:7) 또한, "주님은 힘센 준마를 좋아하지 않으시고, 빨리 달리는 힘센 다리를 가진 사람도 반기지 아니하신다"(새번역)라는 시편 147편 10절의 의미가 무엇인지를 가시적으로 보여 주는 동시에, 우리의 승리와 구원이 오직 여호와의 능력에서만 온다는 사실을 전쟁이라는 극적 상황을 사용해 설명하신 말씀이라 하겠습니다.

이와 더불어 시편 44편 3절에서 "그들이 자기 칼로 그 땅을 차지한 것이 아니고 자신들의 팔로 구원한 것도 아닙니다. 오직 주의 오른손, 주의 팔, 주의 얼굴빛으로 하신 것입니다"(우리말성경)라는 말로 증거된 고라 자손의 과거 경험이 "나는 내 활을 의지하지 아니할 것이라 내 칼이 나를 구원하지 못하리이다"라고 6절에 적힌 현재의 다짐을 이끌어 낸 것과 마찬가지로, 새로운 땅을 정복하기 위해 수많은 전쟁을 치뤄야 했던 노년의 여호수아가 "너희의 칼이나 너희 활로써 이같이 한 것이 아니며"라며 백성들에게 보낸 엄중한 경고(수 24:12)와, 외적인 힘으로는 결코 대적할 수 없을 거인을 눈앞에 두고도 "주께서는 칼이나 창 따위를 쓰셔서 구원하시는 것이 아니라는 것을, 여기에 모인 이 온 무리가 알게 하겠다"(표준새번역)라고 외친 소년 다윗의 담대한 선언(삼상 17:47) 역시, 하나님의 구원을 수없이 목격한 그들의 과거 경험에서 비롯된 결과라 말할 수 있을 것입니다.

현대인의 입장에서는 구약성경에 언급된 전쟁 상황이 자신과 전혀 관계없는 '옛날 이야기'로 여겨질 수 있는 데다가 위에서 예시하는 무기들 또한 오래전 사용하던 구식 병기 정도로 인식되기 쉽겠지만, 이 구절들이 말하는 "활"과 "칼"은 오늘날의 관점에서 보면 학력, 경력, 재력 등의 개인적 능력, 즉 최근 자주 회자되는 소위 "스펙"이라는 말로 대치해 생각할 만한 개념일 것입니다.

또한, 새로운 땅을 차지하기 위한 공격전이나 주변 민족들의 계속적 침략을 막아내는 방어전이 당시 이스라엘 민족에게 삶의 현실 그 자체였듯, 현대를 살아가는 우리의 입장에선 주변의 어두운 영적 세력에 맞서 공격과 수비의 형태로 벌이고 있는 개개인의 투쟁을 그에 **비견되는 "전쟁"으로 보아야** – "우리의 싸움은 인간을 적대자로 상대하는 것이 아니라, 통치자들과 권세자들과 이 어두운 세계의 지배자들과 하늘에 있는 악한 영들을 상대로 하는 것입니다"(새번역)라는 에베소서 6장 12절이 지적하고 있듯 – 정확한 이해가 가능해집니다.

그렇기에 이 전쟁에 대비해 우리가 갖춰야 할 무기는 인간적인 실력이나 "스펙"이 아니라 우리 대신 싸워 주시는 하나님과 그분에의 신뢰를 바탕으로 한 영적 무장이라는 사실이, "우리가 가지고 싸우는 무기는 육체에 속한 것이 아니라 견고한 요새를 무너뜨리는 하나님의 능력입니다"(우리말성경)라는 고린도후서 10장 4절과 "마귀의 계략에 대적해 설 수 있도록 하나님의 전신갑주를 입으십시오"(우리말성경)라는 에베소서 6장 11절 등에 의해 대변되고 있는 것이지요.

에베소서 6장 11절과 17절 사이에 소개되어 있는 하나님의 전신 갑주(진리의 허리띠, 의의 가슴받이, 평화의 복음의 신, 믿음의 방패, 구원의 투구, 성령의 검) 가운데 다른 장비들이 모두 '방어'의 수단인 반면 "성령의 검(the sword of the Spirit)"만이 '공격' 무기라는 점도 깊이 묵상해 볼 만한 주제입니다. 이에 대해 다루고 있는 여러 연구의 내용들을 여기에서 다 언급할 수는 없지만 궁극적으로 "하나님의 말씀(the word of God)"을 의미하는(히 4:12) 이 "성령의 검"을 한마디로 요약한다면 "성령께서 **깨달음**을 주신 하나님의 **말씀**"이라고 간략히 정의해 볼 수 있겠습니다.

성령께서는 우리에게 말씀에의 깨달음을 허락하실 뿐 아니라 그 깨달은 말씀이 사용될 때 강한 능력까지 함께 부여하시는 분으로, 이 부분과 관련해 신학자인 존 앨런(John Allen)은 "예수께서 마귀를 물리칠 때 말씀을 사용하셨던(마 4:1-11; 눅 4:1-13) 것처럼 우리 기독교인들도 영적 전쟁에서 승리하기 위해서는 성령께서 깨달음을 주신 말씀을 삶에 적용하는 일이 반드시 필요하다"고 강조한 바 있습니다.

우리나라에도 잘 알려진 호주의 찬양팀 "힐송 유나이티드(Hillsong United)"가 90년대에 부른 <I Will Run to You>라는 찬양곡에는 "not by might, not by power, but by the Spirit of God"이라는 노랫말이 나오는데, "힘으로 되지 아니하며 능력으로 되지 아니하고 오직 나의 영으로 되느니라"라는 스가랴 4장 6절 말씀을 차용한 이 가사 역시 영적 전쟁의 승리가 사람들이 흔히 의지하는 육신적 힘과 능력이 아니라 하나님의 영으로부터 오는 성령의 강한 "공격력"에 달려 있다는 사실을 설명해 줍니다.

사도 바울의 서신서에서 강조되고 있는 "능력", 즉 "나의 말과 나의 설교는 지혜에서 나온 그럴 듯한 말로 한 것이 아니라, 성령의 능력이 나타낸 증거로 한 것입니다"(새번역)라는 고린도전서 2장 4절과 "이는 우리 복음이 너희에게 말로만 이른 것이 아니라 또한 능력과 성령과 큰 확신으로 된 것임이라"라고 한 데살로니가전서 1장 5절, 그리고 "아버지께서 그분의 영광의 풍성하심을 따라 그분의 성령을 통하여 여러분의 속 사람을 능력으로 강건하게 하여 주시고"(새번역)라는 에베소서 3장 16절에서 말하는 "능력"이 바로 하나님의 영(성령)으로부터 우리에게 전달되는 능력의 실체인 것이지요.

로마서 8장 37절은 "환난", "곤고", "핍박", "굶주림", "헐벗음", "위험" 등과 같이 삶에서 겪는 여러 종류의 고난을 열거했던 35절을 두고 "그러나 이 모든 일에 우리를 사랑하시는 이로 말미암아 우리가 넉넉히 이기느니라"라며 역접 접속사를 사용해 스스로 반박하는 형태의 문장입니다.

이 구절에 포함된 "conqueror(정복자)"라는 영어 단어가 보통은 그리스어 "니카오(*nikao*: "이기다", "승리하다"를 뜻하는)"의 역어인 것과 달리 여기에서는 특별히 그 앞에 "후페(*huper*)"라는 접두어를 붙인 "후페니카오(*hupernikao*)"로 표기된 원어를 번역한 것인데, 이 "*huper*"가 "과도한", "엄청난", 혹은 "극도로 초과하는"이라는 뜻의 접두어임을 생각할 때 "*hupernikao*"는 "믿을 수 없을 정도의 승리", "결정적 승리의 획득", "정복자 중의 정복자" 등의 뜻을 갖는 어휘로 해석될 수 있습니다.

따라서 이 구절을 통해 사도 바울이 전하고자 했던 바도 대다수 영어 성경의 번역 내용처럼 "우리는 승리자 이상의 승리자이다(more than conquerors)"라는 의미로 이해함이 가장 적절할 것입니다.

저를 포함한 많은 분들에게 자신이 "승리자 이상의 승리자"라는 말은 도무지 믿어지지 않는, 그저 듣기 좋은 미사여구처럼만 생각될 수도 있을 것입니다. "약하고도 악한" 자신의 모습을 깊이 들여다 볼수록 더욱 그렇고 말이지요.

하지만 그런 생각이 들 때 반드시 기억해야 할 일은, 우리가 그처럼 대단한 명칭으로 불릴 수 있는 근거가 우리 자신의 자질이나 능력에 기인한 것이 아니라 "우리를 사랑하시는 분"의 "믿을 수 없을 정도의" **능하심**과 **강하심**으로 인한 은혜라는 사실입니다.

스스로의 부족함에 실망하여 때로 패배의식에 빠지거나 주님께서 자신을 그토록 사랑하신다는 진실도 믿어지지 않을 만큼 회의와 좌절감을 느끼게 되는 분이 혹시 있다면, 제가 늘 그렇게 하듯 하나님이 성경을 통해 주신 사랑의 약속들(롬 8:38-39; 고전 2:9; 엡 3:19)을 마음속에서 계속 되뇌임으로 그런 부정적이고 불필요한 생각들을 떨쳐 버리시기를 '강력히 추천'하고 싶습니다.

4

네 앞서 가겠다

"눈 내린 들판을 걸어갈 때 어지러이 함부로 걷지 말지니 오늘 아침 나의 발자국이 뒷사람의 이정표가 되리라"라고 번역된 유명한 시는 조선 후기 문신인 임연 이양연이 지은 것으로 밝혀진 – 서산대사로 잘못 알고 있는 사람들이 많지만 – 그리고 백범 김구 선생이 생전에 애송했다고 하여 널리 알려지게 된 "야설(野雪/夜雪)"이라는 제목의 한시입니다.

삶의 과정 중 나아갈 바를 알 수 없는 상황에 처하면 누구나 앞선 이들의 족적을 따르려 하게 된다는 점에서 "여호와여 주의 도를 내게 보이시고 주의 길을 내게 가르치소서"라는 시편 25편 4절과 "주의 의로 나를 인도하시고 주의 길을 내 목전에 곧게 하소서"라는 시편 5편 8절을 떠오르게 하는 이 시에서도 읽히는 바와 같이, 누구의 뒤를 따르고 누구의 길을 좇을 것인가의 문제는 우리 각 사람의 삶의 모습을 결정한다고 할 만큼 인생의 성공 여부를 가르는 주요 관건이라고 볼 수 있습니다.

살면서 겪게 되는 일상적 전쟁(영적 전쟁)은 우리의 몫이 아니라 하나님이 대신 감당해 주시는 영역임을 주제로 했던 앞 장의 내용에서 연약한 우리 대신 싸워 주시는 하나님의 일하심을 확인할 수 있었는데, 이렇게 우리를 대신해 전쟁에 나서시는 하나님은 우리보다 "앞서 가서" 싸우시겠다는 약속 또한 성경 말씀을 통해 반복적으로 들려 주셨습니다.

과거 하나님의 인도하심을 경험했던 모세가 "너희보다 앞서 가시는 너희 하나님 여호와께서 이집트에서 너희를 위해 하셨듯이 너희 눈앞에서 너희를 위해 싸우실 것이다"(우리말성경)라며 백성들을 독려하는 신명기 1장 30절과, 앞으로도 그리 하실 하나님을 증거하는 동시에 "오늘 명심할 것은 너희 하나님 여호와께서 삼키는 불처럼 너희보다 앞서서 건너가신다는 것이다"(우리말성경)라는 격려를 전하는 신명기 9장 3절, 또한 블레셋과의 전쟁 중 하나님이 "그 때에 여호와가 너보다 앞서 나아가서 블레셋 군대를 치리라"라는 말로 다윗에게 전하신 사무엘하 5장 24절의 '작전 명령' 등은 모두 이에 해당한다고 볼 수 있는 구절들입니다.

그와 더불어, 앞길을 미리 터 줌으로써 우리의 나아갈 바를 예비하시겠다는 하나님의 약속 또한 성경에서 무수히 발견되는 말씀인 바, 기독교인들 사이에 축복의 메시지로 자주 교환되는 "내가 너보다 앞서 가서 험한 곳을 평탄하게 하며 놋문을 쳐서 부수며 쇠빗장을 꺾고"라는 내용의 이사야 45장 2절(시 107:16)과 '눈먼' 당신의 백성들을 끝내 포기하지 않은 채 "내가 그들 앞에 서서, 암흑을 광명으로 바꾸고, 거친 곳을 평탄하게 만들겠다"(표준새번역, 새번역)라고 약속하신 이사야 42장 16절 등을 그 대표적 예로 들 수 있을 것입니다.

창세기 3장부터 등장하는 여호와의 천사(사자)가 담당한 임무 가운데에도 앞장서 나아가 길을 예비하는 일은 창세기 24장 7절과 40절, 즉 아브라함이 아들 이삭의 아내를 구해 오도록 자신의 종에게 지시하는 구절에서 구체적으로 소개되지만, 이어지는 출애굽기를 읽다 보면 하나님을 대신해 백성들을 인도할 천사의 역할이 유난히 많이 언급되고 있음이 주목을 끕니다.

"내가 네 앞에 천사를 보내 네가 가는 길 내내 너를 보호하고 내가 준비한 곳으로 너를 데려가게 할 것이다"(우리말성경)라는 23장 20절과 "보아라, 나의 천사가 너를 인도할 것이다"(표준새번역, 새번역), "내가 한 천사를 보낼 터이니, 그가 너를 인도할 것이다"(표준새번역, 새번역)라고 하신 32장 34절, 33장 2절 등이 바로 그런 말씀들입니다.

출애굽기의 성격 자체가 이집트에서 손수 이끌어 내신 당신의 백성들을 목적지인 가나안 땅으로 하나님이 들이시는 과정을 ─ 다시 말해 광야 길을 지나는 동안의 힘난한 여정을 ─ 기록한 책인 만큼, 천사 혹은 사자로 그려진 주님의 영의 인도와 보호, 길 안내에 대해 백성들에게 상기시키는 서술이 이 책에 반복적으로 담기게 된 것도 당연한 일이라 할 수 있겠지요.

광야의 여로에 당신의 사자를 보내 백성들을 인도하시는 하나님께서 구름 기둥과 불 기둥을 통해 일하신다는 사실 역시 구약성경의 곳곳에서 확인되는데, "여호와께서 그들 앞에서 가시며 낮에는 구름 기둥으로 그들의 길을 인도하시고 밤에는 불 기둥을 그들에게 비추사 낮이나 밤이나 진행하게 하시니"라는 출애굽기 13장 21절을 위시해 "그분이 너희 여정에 밤에는 불 기둥으로 낮에는 구름 기둥으로 너희보다 앞서 가시며"(우리말성경)라는 신명기 1장 33절과 "낮에는 구름기둥으로 그들을 이끌어 주시고, 밤에는 불기둥으로 그들이 가는 길을 밝히 비추어 주셨습니다"(표준새번역, 새번역)라고 한 느헤미야 9장 12절 등에서 그러한 간증을 발견하게 됩니다.

신학적 측면에서 하나님의 '임재'와 '구원'의 계시로 설명되는 이 구름 기둥과 불 기둥은 사실상 서로 다른 두 종류의 형상이 아니라 낮과 밤에 따라 달리 보이는 같은 현상의 다른 발현으로(민 9:15-16), 밤낮없이 이스라엘 민족을 지켜 주고 안내하기 위해, 그리고 그런 임재의 실체를 그들이 인식할 수 있도록 하나님께서 마련하신 시각적 장치라고 할 수 있습니다.

"내가 빽빽한 구름 속에서 네게 내려갈 것이다"(우리말성경), "여호와께서 구름 가운데에 강림하사"라고 하는 출애굽기 19장 9절과 34장 5절(민 11:25), 그리고 "내가 구름 가운데에서 속죄소 위에 나타남이니라"라는 말로 레위기 16장 2절에 묘사되어 있는, 구름 속에 직접 현현하신 **현상**으로서의 하나님뿐만 아니라, 구름에 둘러싸여 있는 하나님의 **존전**(시 18:11-12; 97:2; 욥 22:14; 26:8-9; 삼하 22:12)이나 회막과 성전에 임하신 하나님의 **영광**(출 16:10; 33:9-10; 40:35; 민 16:42; 왕상 8:10-12; 대하 5:13-14) 등의 형태에 의해서도 구름이라는 매개를 통한 하나님의 임재는 다양한 방식으로 소개됩니다.

그래서인지 C. S. 루이스(C. S. Lewis)도 자신의 저서인 『스크루테이프의 편지』(*The Screwtape Letters*)에서 – 악마가 자기 조카를 가르치기 위해 쓴 편지의 형식을 취한 책인 – "구름은 원수[하나님]가 사용하는 가장 무지막지한 무기로서, 보통은 원수가 아직 완전히 밝혀지지 않은 형태로 환자들[기독교인들]에게 직접 임재할 때 나타나는 현상"이라며 비틀어 설명하기도 했습니다.

하나님이 우리보다 앞서 행하신다는 것은 그분이 우리의 안내자가 되시는 동시에 지도자가 되시기도 한다는 의미인 만큼, 인생을 살아감에서 하나님을 따르며 그분의 안내와 지도를 받는가 그렇지 않은가의 여부에 의해 각자의 삶의 모습은 크게 달라질 수밖에 없습니다. 삶의 매 순간 마주해야 하는 크고 작은 결정 상황에서 존경하는 주위 사람들의 조언도 일정 정도는 도움이 될 수 있겠지만 "우리는 모두 실수를 많이 저지릅니다"(표준새번역)라는 야고보서 3장 2절의 말씀처럼 인간은 누구나 실수를 피할 수 없는 존재이기에, 모든 면에서 완벽하시며(신 32:4; 삼하 22:31; 시 18:30) 실수가 없으신 하나님의 인도에 따르는 사람만이 그 자신도 실수 없는 인생을 보장받는다고 장담할 수 있습니다.

기독교인이라면 모두가 잘 알고 있을 "내 영혼을 소생시키시고 자기 이름을 위하여 의의 길로 인도하시는도다"라는 시편 23편 3절은 물론, "여호와가 너를 항상 인도하여 메마른 곳에서도 네 영혼을 만족하게 하며"라고 한 이사야 58장 11절과 "우리가 불과 물을 통과하였더니 주께서 우리를 끌어내사 풍부한 곳에 들이셨나이다"라는 시편 66편 12절처럼 어떤 상황에 처한 사람에게든 가장 정확하고 확실한 방법으로 길을 안내하시는 인도자 하나님을 증거하며 찬양하는 말씀들도 이러한 사실을 뒷받침해 줍니다.

구름이 성막 위에 머무는 동안이면 하룻밤이든 일 년이든 같은 곳에 진을 치고 기다리다가 그 구름이 움직일 때만 비로소 행진하던(민 9:17-23; 10:11-12) 이스라엘 민족이 그러했듯, 우리 역시 힘겨운 현실이나 예측치 못한 상황을 마주할 경우 스스로 모면할 방법을 찾기 위해 허둥대며 조바심을 내기보다 신뢰와 순종으로 한 발 한 발 주님의 발자취를 따라 걸으려 노력할 때에만 진정한 지혜와 문제 해결의 길에 다다를 수 있을 것입니다.

"이 하나님은 영원히 우리 하나님이시니 그가 우리를 죽을 때까지 인도하시리로다"라는 시편 48편 14절의 말씀을 늘 기억하면서 "주는 내 반석이시요, 내 요새시니 주의 이름을 위해 나를 이끄시고 인도하소서"(우리말성경)라는 시편 31편 3절의 기도를 수시로 – "화살기도"로써 – 올려 드린다면, 다윗이 시편 25편 9절에 기록한 "겸손한 사람을 공의로 인도하시며, 겸비한 사람에게는 당신의 뜻을 가르쳐 주신다"(표준새번역)라는 말씀의 의미를 몸소 체험할 수 있는 은혜가 우리 각자의 삶에도 주어질 것이라고 믿습니다.

창세기와 출애굽기에서부터 천사 혹은 사자, 그리고 구름 기둥, 불기둥 등을 통해 앞장서 인도하실 것을 약속하셨고 또 이사야서에서 우리 앞의 길을 평탄하게 예비해 두겠다고도 약속하신 주님께서는, 이 땅을 떠나실 시간이 가까워 오자 "내가 너희를 위하여 거처를 예비하러 가노니"라는 말씀으로(요 14:2) 미리 앞서가 우리의 천국 거처를 마련해 두겠다는 약속까지 해 주셨습니다. 이처럼 든든하고 감격스런 약속에 뒤이어 "내가 가서 너희가 있을 곳을 마련하면, 다시 와서 너희를 나에게로 데려다가, 내가 있는 곳에 너희도 함께 있게 하겠다"(표준새번역, 새번역)라며 주신(요 14:3) 더욱 은혜로운 맹세를 보면 그렇게 하시는 궁극적 목적이 우리와 "함께하기" 위한 뜻이심을 알 수 있습니다.

부족하고 어리석은 우리와 함께하기를 그토록 원하시는 주님의 크신 은혜를 일깨워 주는 말씀들은 이어지는 다음 장을 통해 나누어 보고자 합니다.

5

너와 함께하겠다

하나님을 일컫는 여러 이름들 가운데 가장 빈번히 사용되는 것 중 하나일 "임마누엘(Immanuel)"은 "하나님께서 우리와 **함께** 계시다(God is *with* us)"라는 의미(마 1:23)를 가진 명칭으로, 구약성경의 초기 기록부터 당신의 백성들과 함께할 것을 약속하셨던(창 26:3; 28:15) 아버지 하나님이 신약 시대에는 성육신된 아들 예수님의 모습으로 세상 사람들과 함께하시다가, 이 땅의 제자들을 떠나는 순간에도 "내가 세상 끝 날까지 항상 너희와 함께 있을 것이다"(표준새번역, 새번역)라는 약속(마 28:20)을 남기신 것을 보면, 역시 우리 하나님은 "임마누엘"이라는 이름으로 불리어 마땅하신 분이십니다.

뿐만 아니라 "내가 아버지께 구할 것이니 아버지께서 너희에게 다른 보혜사를 보내셔서 너희와 영원히 함께 있도록 하실 것이다"(우리말성경)라는 요한복음 14장 16절과 "그것은, 그가 너희와 함께 계시고, 또 너희 안에 계실 것이기 때문이다"(새번역)라는 같은 장 17절에서는 이후 함께하실 성령님의 동행이 미리 약속되어 있기도 합니다.

앞의 3장에서 살펴본 말씀들이 삶의 전쟁은 우리의 몫이 아니며 전쟁의 승리를 결정하는 분도 오직 하나님뿐이라는 선포인 한편, "네가 어디를 가든지 내가 너와 함께 있어 네 모든 대적을 네 앞에서 멸하였은즉"이라는 사무엘하 7장 9절과 "내가 너와 함께할 것이니 너는 미디안 사람들을 한 사람을 치듯이 무찌를 것이다"(우리말성경)라는 사사기 6장 16절 등은 전장에서 싸워 주시면서 우리와 "함께해 주시는" 하나님의 모습에 보다 초점을 둔 구절들로 보아야 옳습니다.

또한, 앞장서 행하시며 그 길을 인도하시는 하나님을 소개한 4장에서 다룬 말씀들이 우리의 안내자와 지도자라는 하나님의 역할에 중점을 둔 것이었다면, "여호와께서 친히 네 앞서 가시고 너희와 함께하실 것이며, 너를 떠나지도, 너를 버리지도 않으실 것이다"(우리말성경)라며 자신은 들어갈 수 없을 약속의 땅으로의 입성을 앞둔 동족들에게 모세가 전한 대언(신 31:8)과 여호와 하나님을 버린 북이스라엘의 여로보암 왕을 향해 "보라, 하나님께서 우리와 함께하시며 우리의 대장이 되신다"(우리말성경)라는 말로 공언된 남유다 아비야 왕의 예고(대하 13:12)는, 앞길을 인도하며 지도자가 되어 주시는 하나님은 우리와 거리를 두고 혼자 앞서가시는 분이 아니라 늘 옆에서 "함께하고" 계시다는 사실을 증거하고 있는 구절들로 볼 수 있겠습니다.

이집트에서 핍박 받고 있던 자신의 백성들을 이끌어 내라는 명령을 처음 듣고 두려움과 불안감에 사로잡힌 모세에게 "내가 정녕 너와 함께 있으리라"라고 격려하며 주셨던 하나님의 약속(출 3:12)을, 이후 마실 물이 없는 르비딤에서 리더십의 위기에 맞닥뜨린 모세에게 다시 주신 "내가 거기 호렙 산의 바위 곁 네 앞에 서 있겠다"(우리말성경)라는 약속(출 17:6)과 같은 맥락으로 이해할 수 있을 것이며,

이스라엘 민족이 아직 새로운 땅으로 발걸음을 내딛기 전 시내산(호렙산)에서 머물고 있던 당시 앞으로 그들을 이끌고 나가야 할 모세를 향해 "내가 친히 너와 함께 가겠다"(표준새번역)라며 건네신 맹세(출 33:14) 역시, 같은 시대적 배경을 갖고 있는 레위기에서의 "너희가 사는 곳에서 나도 같이 살겠다"(표준새번역, 새번역)라고 하신 맹세(26:11)와 동일 선상에 놓고 생각할 수 있을 것입니다.

뿐만 아니라, 모세의 사망 후 백성들을 인도할 책무가 자신의 어깨 위로 옮겨져 무척이나 불안하고 걱정스러웠을 여호수아를 위해 "네가 어디를 가든 여호와 네 하나님이 너와 함께할 것이다"(우리말성경)라면서 주신 다짐(수 1:9)은 그에게 더욱 강력한 독려로 작용할 수 있었으리라 짐작해 봅니다.

찬양곡의 노랫말로 사용되었던 "너의 하나님 여호와가 너의 가운데 계시니 그는 구원을 베푸실 전능자시라"라는 스바냐 3장 17절의 말씀에서 보듯, 전능하신 하나님이 우리와 함께 계심으로 그분의 구원이 우리에게 임함을 알려 주는 구절들도 성경의 이곳저곳에서 발견되지만, 구약의 여러 책들 가운데 주님이 주신 감동적 약속을 특히 많이 만나게 되는 이사야서에서의 "네가 물 가운데로 지날 때에 내가 함께할 것이라"라는 43장 2절(시 66:12)과 "내가 너와 함께 있으니, 두려워하지 말아라. 내가 너의 하나님이니, 떨지 말아라"(표준새번역, 새번역)라는 41장 10절은 저에게 개인적으로도 큰 의미가 있는 말씀들입니다. 저의 삶에서 가장 큰 고난과 고통을 겪던 시기에 받은 이 말씀들로 인해 어둠의 '동굴'이 빛의 '터널'로 변하는 기적과 같은 은혜를 체험할 수 있었기 때문이지요.

자신의 백성들과 함께하겠다고 하신 하나님의 약속은 "이스라엘"이라는 명칭이 부여되기 이전부터 이미 그들에게 주어져 있던 것으로, 흉년을 맞아 블레셋 땅으로 내려간 이삭을 향해 "이 땅에 거류하면 내가 너와 함께 있어 네게 복을 주고 내가 이 모든 땅을 너와 네 자손에게 주리라"라고 하신 축복의 맹세(창 26:3)는 물론, 형 에서를 속인 후 보복이 두려워 어머니의 고향인 하란으로 피신하던 야곱에게까지 "내가 너와 함께 있어서, 네가 어디로 가든지 너를 지켜 주며"(새번역)라며 주신 보호의 약속(창 28:15) 또한 그 야곱이 이후 이스라엘이라는 이름을 얻기 전에 이미 주어져 있었던 것입니다.

이처럼 하나님의 함께하심에 따르는 **보호**의 약속으로 신약성경에 기록된 구절은 시작 부분에서 언급한 사복음서의 말씀(마 28:20; 요 14:16, 17)뿐 아니라 주님께서 환상 가운데 사도 바울에게 주신 "내가 너와 함께 있으니 아무도 너를 해하지 못할 것이다"(우리말성경)라는 사도행전 18장 10절에서도 발견되는데, 이렇게 하나님의 은혜를 체험한 바울은 이후 디모데후서 4장 17절을 통해 "주님께서 내 곁에 서셔서 나에게 힘을 주셨습니다"(새번역)라는 간증을 남기기도 했습니다.

하나님이 함께하심에 따르는 **축복**에 대하여 "만군의 주께서 다윗과 함께 계시므로, 다윗이 점점 강대해졌다"(표준새번역), "그는 가는 곳마다 승리했습니다. 여호와께서 그와 함께하셨기 때문입니다"(우리말성경)라며 다윗의 강성과 승리를 소개하는 사무엘상 18장 14절(삼하 8:14), 역대상 11장 9절(대상 18:6, 13)과 더불어, "여호와께서 그와 함께 하시매 그가 어디로 가든지 형통하였더라"라는 말로 유다왕 히스기야가 받은 형통의 은혜를 기록한 열왕기하 18장 7절 등을 예시할 수 있지만, 고난과 역경 속에서도 하나님이 함께하시면 범사에 형통할 수 있음을 보여 주는 사례로 가장 자주 인용되는 성경 구절은 역시 "여호와께서 요셉과 함께하시므로 그가 형통한 자가 되어"라는 창세기 39장 2절과 "여호와께서 요셉과 함께하시고 그에게 인자를 더하사 간수장에게 은혜를 받게 하시매"라고 하는 같은 장 21절일 것입니다. 그러나 혈육인 형제들에 의해 이집트로 팔려 간 후 억울한 누명까지 쓰고 감옥에 갇힌 요셉을 가리켜 "형통한 자"라고 한 지칭은 여전히 우리에게 생소하게 느껴지는 데다가 세상적 상식으로 쉽게 인정하기 어려운 표현이라고밖에 말할 수 없습니다.

하지만 기독교인이 아니라도 많이들 알고 있을 "내가 사망의 음침한 골짜기로 다닐지라도 해를 두려워하지 않을 것은 주께서 나와 함께 하심이라"라는 시편 23편 4절의 말씀이 알려 주듯, 우리가 고난과 역경의 한가운데에서도 그 상황에 짓눌리고 압도되지 않을 수 있는 단 하나의 이유는 하나님께서 우리 옆에서 함께 걷고 계시다는 – 때로는 우리를 업고(출 19:4) 가고 계시다는 – 눈에 보이지 않는 사실을 확신하기 때문입니다.

<모래 위의 발자국>(Footprints in the Sand)이라는 저자 미상의 시를 떠올릴 때마다 "기독교인들이 느껴야 할 유일한 두려움이 있다면 그것은 하나님과 분리될 경우에 대한 두려움뿐"이라고 간증했던 책의 한 구절이 기억나곤 하는데, 하나님이 함께하시기만 하면 두려움은 우리의 몫이 아닐 뿐더러(시 118:6), 늘 앞서 인도하고 지도하시는 그분이 부어 주시는 힘과 능력 때문에 우리의 최후 승리도 '저절로' 보장되는 것(시 60:12)이기에, 위의 말씀들에 "형통하다"는 표현을 사용한 일도 전혀 무리가 아니라는 결론이 도출될 수 있겠지요.

사무엘하 7장 3절(대상 17:2)에서 선지자 나단이 다윗에게 건넨 "여호와께서 왕과 함께 계시니 마음에 있는 모든 것을 행하소서"라는 조언이 "하나님의 마음에 합한 사람"(삼상 13:14; 행 13:22)으로 인정받은 다윗이기에 들을 수 있었을 말이라란 점을 생각하면, 하나님이 함께하시고 그분의 뜻에 합한 삶을 살고 있는 사람이라면 자신의 마음에 있는 "모든 것"을 행하여도 그 자체가 하나님의 뜻에 부합한다는 의미로 이를 해석하게 됩니다.

사울이 처음 하나님으로부터 선택 받고 함께하심의 은혜를 경험했던 당시 사무엘이 그에게 전한 "이런 일들이 그대에게 나타나거든, 하나님이 함께 계시는 증거이니, 하나님이 인도하시는 대로 따라 하십시오"(표준새번역, 새번역)라는 사무엘상 10장 7절의 언명 또한, 하나님과 함께하는 삶을 누리는 사람에게는 주변 상황 속에서 일어나는 일들 역시 하나님이 "인도하시는" 바임을 확증해 주는, 같은 맥락의 말씀일 것으로 이해하게 되지요.

아주 오래전인 저의 학창 시절, 철학 동아리 모임에 다녀왔던 한 친구가 그 모임의 동료 회원들과 "가치 있는 시간이란 어떤 시간을 의미하는가"에 대해 긴 시간 토론한 끝에 "**같이 있는 시간이 가장 가치 있는 시간이다**"라는 결론을 내렸다는 썰렁한 이야기를 들려준 적이 있습니다. 대단한 발견이나 한 것처럼 상기된 표정으로 이야기를 전하는 친구를 위해 뭐라고 맞장구를 쳐 주고 싶어도 도무지 적절한 대답이 떠오르지 않았을 만큼 그저 어이없게만 생각되던 그 말이 웬일인지 지금까지 제 머릿속에 잊히지 않은 채로 남아 있는 이유가, 당시에는 말장난처럼 여겨지던 그 '결론'이란 것이 정말 여러 시간 숙고해야 도달할 수 있는 수준의 '진리'였기 때문인지는 잘 모르겠지만, 하나님과 우리의 인격적 관계라는 문제에서만큼은 그때 들었던 그 말이 정확히 들어맞는 이야기가 아닐까 가끔 생각해 보게 됩니다. 우리의 좋으신 하나님, 우리와 늘 함께하기를 원하시는 하나님과 "같이 있는" 시간이 곧 우리 삶에서 가장 "가치 있는" 시간이겠구나 깨달으면서 말입니다.

6

너는 내 것이다

"당신이 **누구인지**(who you are)보다 **누구의 것인지**(whose you are)가 훨씬 더 중요한 문제입니다"라던 조엘 오스틴(Joel Osteen) 목사의 설교 내용은 잊혀지지 않고 기억되는 몇 가지 어구 중 하나로 저의 뇌리에 남아 있습니다. 연약한 자신의 모습에 집중하며 좌절하지 말고 강하고 능하신 하나님에게 초점을 두라는 메시지 중 언급된 말이었지만, 그에 더해 제 나름의 설명을 덧붙이자면 자신이 "누구의 것"인지 정확히 알 때 스스로의 '정체성'이 오히려 더 선명해지며, 우리가 완전히 "하나님의 것"이 될 때에야 비로소 가장 '자기다워'질 수 있다는 의미의 말씀으로도 해석될 수 있으리라 생각합니다.

"나는 너희 중에 행하여 너희의 하나님이 되고 너희는 내 백성이 될 것이니라"라는 레위기 26장 12절(고후 6:16)을 시작으로, "내 처소가 그들 가운데에 있을 것이며 나는 그들의 하나님이 되고 그들은 내 백성이 되리라"라는 에스겔 37장 27절로 이어지다가, 결국 성경의 마지막 부분에 이르러 "하나님이 그들과 함께 계시리니 그들은 하나님의 백성이 되고 하나님은 친히 그들과 함께 계셔서"라는 요한계시록 21장 3절로까지 연결되는 말씀들은, 우리와 함께하시며 우리를 가까이 이끄시는 하나님이 당신은 우리의 하나님이고 우리는 당신의 백성임을 천명해 주시는, 다시 말해 "너는 내 것"이라면서 우리의 귀에 들려 주시는 다정하고 정겨운 속삭임입니다. 신구약을 불문해 기록되어 있는 이러한 말씀들은 듣기만 해도 가슴 설레고 마음 따뜻해지는 은혜의 약속이라 부를 만하지요.

하나님의 구원과 함께하심에 대한 섬세하고 부드러운 표현들을 특히 많이 담고 있는 이사야 43장은, 그 첫 절부터 "내가 너를 속량하였으니, 두려워하지 말아라. 내가 너를 지명하여 불렀으니, 너는 나의 것이다"(표준새번역, 새번역)라는 사랑과 위로의 말씀으로 시작되는데, <나의 안에 거하라>라는 찬양의 가사로도 등장하는 이 구절은 찬양을 부르는 사람들이 자기 앞에 놓여 있는 "거친 환란"에의 두려움을 모두 잊고 새로운 용기를 되찾기에 충분할 만큼 격려가 되는 내용입니다.

이 구절의 "부르다"라는 동사가 영어 성경에서는 각각의 버전에 따라 "call"과 "summon"이라는 '살짝' 다른 표현으로 번역되어 있지만, 히브리어 구약성경의 원어 표현에 좀 더 부합하는 "이름으로 부르다(call by name)"의 의미로 해석할 경우 – 김춘수 시인의 <꽃>이라는 시의 한 구절을 떠오르게도 하는 – "네가 말한 그대로 내가 하겠다. 네가 내 은총을 입었고 내가 너를 이름으로 알기 때문이다"(우리말성경)라는 출애굽기 33장 17절에서와 같이 인격적 **친밀함**이 보다 부각되는 한편, 우리말로 "소명을 내리다"라는 의미를 내포하는 "summon"의 개념으로 이해할 때는 하나님의 백성으로 우리가 받은 **사명**에 좀 더 비중이 주어진 어감으로 받아들이게 됩니다.

자신이 누구의 것인지를 전혀 모른 채 잃은 바 된 자로서(마 18:12; 눅 15:4-9) – 사실상 죄의 종(롬 6:17, 20), 즉 사탄의 소유로서 – 살아가던 우리를 불러 의의 종(롬 6:18)인 하나님의 소유로 삼아 주신 일은 '지나칠 만큼' 급격한 신분 상승이며, 영어식 구문으로 "too good *to believe*(너무 좋은 일이라 믿어지지 않는)", "too good *to be true*(너무 좋은 일이기에 실감 나지 않는)"라고 표현될 만한 '사건'이기에, 기독교인들 가운데에도 이 사실을 진심으로 **믿거나 실감하는** 사람이 과연 얼마나 될지 의심스럽게 생각될 정도입니다.

그러나 구약성경인 호세아 1장 10절(롬 9:26)과 2장 23절(롬 9:25)에도 "'너희는 내 백성이 아니다'라고 말하던 그곳에서 그들에게 '너희는 살아 계시는 하나님의 자녀'라고 말하게 될 것이다"(우리말성경), "내 백성 아니었던 자에게 향하여 이르기를 너는 내 백성이라 하리니 저희는 이르기를 주는 내 하나님이시라 하리라"라며 하나님을 전혀 모르는 채 제멋대로 살던 이들을 당신의 자녀, 백성이라고 서슴없이 부르시는 '과격한(radical)' 하나님의 모습이 증거되어 있을 뿐 아니라, "그들을 데려와 예루살렘에서 살도록 할 것이다. 그들은 내 백성이 되고 나는 그들에게 성실하고 의로운 하나님이 될 것이다"(우리말성경), "내가 너희 조상들에게 준 땅에서 너희가 거주하면서 내 백성이 되고 나는 너희 하나님이 되리라"라고 하신 스가랴 8장 8절과 에스겔 36장 28절 또한 내용에 언급되어 있는 "땅(예루살렘)"을 영적인 의미로 해석할 경우 과거에 거하던 어둠의 영역에서 빛의 세계로 옮겨진 우리에게 선물된 놀라운 은혜의 약속으로 받아들일 수 있는 말씀입니다.

그런 한편으로, "하나님의 것"이라는 자신의 정체성이 회복된 삶을 소망하는 사람에게는 그 같은 삶에 필수적인 몇 가지의 조건들이 요구됩니다.

우선 "그들이 내 이름을 부르면 내가 그들에게 대답할 것이다. 나는 그들에게 '너희는 내 백성들이다'라고 말할 것이고 그들은 '여호와는 우리 하나님이시다' 라고 말할 것이다"(우리말성경)라는 스가랴 13장 9절을 보면, 우리 스스로 하나님에 대한 **갈급함**을 깨닫고 **부르짖어**야만 하나님도 응답하시며 우리가 당신의 것임을 보증해 주신다는 점이 분명히 지적되어 있습니다.

더불어, "이제 너희가 네게 온전히 순종하고 내 언약을 지키면 너희는 모든 민족들 가운데 특별한 내 보물이 될 것이다. 온 땅이 다 내 것이지만 너희는 내게 제사장 나라 거룩한 민족이 될 것이다"(우리말성경)라는 출애굽기 19장 5-6절과 "만일 내게로 돌아와 내 계명을 지켜 행하면… 내가 거기서부터 그들을 모아 내 이름을 두려고 택한 곳에 돌아오게 하리라"라는 느헤미야 1장 9절에서는, 하나님께 온전히 **순종**하며 언약과 계명을 **지키는** 사람만이 하나님의 민족, 그분의 백성으로 불릴 수 있다는 사실도 확인할 수 있습니다.

하지만 위의 출애굽기와 느헤미야서의 말씀을 포함해 "나는 여호와 너희 하나님이라 너희는 나의 율례를 따르며 나의 규례를 지켜 행하고"라는 에스겔 20장 19절과 "내가 내 율법을 그들의 생각 속에 넣어 주고 그들의 마음에 새길 것이다. 나는 그들의 하나님이 되고 그들은 내 백성이 될 것이다"(우리말성경)라는 히브리서 8장 10절 등에서 언급되고 있는 "언약", "계명", "율례", "규례", "율법" 등은 우리가 흔히 오해하는 것처럼 규약의 준수와 율법주의적 복종이 하나님의 백성이 되기 위한 조건임을 전제하는 개념이 아닙니다.

11장 13절의 "너희가 오늘 내가 너희에게 주는 그 명령들, 곧 너희 하나님 여호와를 사랑하고 그분을 온 마음과 온 영혼으로 섬기라는 것에 신실하게 순종하면"(우리말성경)이라는 제언을 포함한 신명기의 여러 구절들(6:5; 10:12-13; 11:1, 22; 13:3; 19:9)과, 마태복음 22장 37-38절(막 12:29-30; 눅 10:27)의 "'네 마음을 다하고 네 생명을 다하고 네 뜻을 다해 주 네 하나님을 사랑하여라.' 이것이 가장 중요하고 으뜸 되는 계명이다"(우리말성경)라는 주님의 교훈에 정확히 명기되어 있듯, 이 모든 말씀에서 강조되고 있는 계명이란 마음과 생명과 뜻을 다해 하나님께 바치는 **사랑**을 의미하는 것이기 때문입니다.

이와 같이 하나님을 사랑하는 이들, 그 사랑 때문에 주님에게서 "그들은 아버지의 것이었는데 내게 주셨으며"라는 영광스러운 지위를 부여받은(요 17:6) 사람들이 "거룩한 민족", "제사장 나라"로 불리는 (출 19:6; 신 28:9; 사 61:6; 벧전 2:5, 9; 계 1:6; 5:10) 이유에 대해서는, "그래서 이스라엘 족속이 다시는 나를 떠나서 길을 잃지도 않고, 다시는 온갖 죄악으로 더러워지지도 않게 하여, 그들은 나의 백성이 되고, 나는 그들의 하나님이 되게 하려는 것이다"(표준새번역, 새번역)라는 에스겔 14장 11절과 "내가 그들을 그 범죄한 모든 처소에서 구원하여 정결하게 한즉 그들은 내 백성이 되고 나는 그들의 하나님이 되리라"라는 같은 책 37장 23절 말씀에서 해답을 찾을 수 있습니다.

깨끗이 몸을 씻겨 놓고 나니 다시 진창으로 돌아가 뒹구는 돼지나 기껏 좋은 음식을 주었더니 자기가 토한 것을 도로 먹고 있는 개처럼 (벧후 2:22) 죄사함을 받은 현재의 귀한 신분을 내팽개치고 범죄하던 과거의 천한 삶으로 되돌아가는 어리석음을 범하지 않도록, 즉 하나님의

"특별한 보물"답게 거룩한 명령을 완수할 수 있도록 우리를 인도하시려는 하나님의 선한 계획 때문인 것입니다.

"빅 픽쳐(Big Picture)"라고 불릴 만한 하나님의 이 같은 계획은 다시 "하나님께서는 우리를 사랑하셔서, 하나님 앞에서 거룩하고 흠이 없게 하시려고, 창세 전에 우리를 그리스도 안에서 택하여 주셨습니다"(표준새번역)라는 에베소서 1장 4절과 "그러나 너희는 택하신 족속이요 왕 같은 제사장들이요 거룩한 나라요 그의 소유가 된 백성이니 이는 너희를 어두운 데서 불러 내어 그의 기이한 빛에 들어가게 하신 이의 아름다운 덕을 선포하게 하려 하심이라"라는 베드로전서 2장 9절의 말씀에 의해 뒷받침되고 재확인됩니다.

"하나님은 준비된 자를 부르시는 것이 아니라 부르신 자를 준비시키신다(God doesn't call the prepared. He prepares the called)"라는 릭 워렌(Rick Warren)의 제언을 되새기다 보면, 하나님이 우리를 택하시고 부르신 것은 우리에게 특별한 능력이 있어서가 아니라 각자에게 부여된 독특한 "사명"이 있기 때문이라는 사실과 함께, 자신의 사명은 고사하고 자기가 누구의 것인지도 모르고 살아 온 우리를 먼저 불러 주신 후 그 사명을 완수하도록 친히 "준비시키시는"(삼하 22:35, 40; 시 18:34; 144:1; 사 49:2) 주님의 자비하심에 대하여도 다시 생각해 보게 됩니다.

"하나님께서 주시는 은혜의 선물과 부르심은 철회되지 않습니다"(표준새번역)라는 로마서 11장 29절의 말씀처럼 부르심에 있어 결코 번복이 없으신, 또한 우리를 "이름으로 아시고", "이름으로 부르신" 하나님의 것으로서의 정체성만 명확히 깨닫는다면, 우리 각자가 나름의 사명에 대한 비전을 세우고 미래 삶의 방향을 결정하는 자세도 저절로 정립하게 될 것이라 여겨집니다. "우리가 살아도 주를 위하여 살고 죽어도 주를 위하여 죽나니 그러므로 사나 죽으나 우리가 주의 것이로라"라는 로마서 14장 8절의 말씀이 교훈해 주고 있듯 말입니다.

7

나는 네 편이다

누가 누구의 "편"이라고 하는 말은 어린 시절 모두가 흔히 듣기도, 또 직접 쓰기도 한 말이었겠지만, 나이가 들면서 너무 편협하거나 편파적으로 들릴 수 있는 이 '용어'의 사용을 점점 더 조심하게 되는 것이 우리 대다수의 보편적 정서가 아닐까 합니다.

하지만 그럼에도 "나는 언제나 네 편이야"라는 말을 누군가에게서 듣는다면 그 말을 들은 사람은 – 그의 나이와 관계없이 – 무척 고맙고 든든한 마음을 갖게 될 텐데, 사람에게서 듣더라도 그처럼 기쁘고 반가울 말을 하나님에게서 듣게 된다면 그 말을 듣는 이에게 세상에서 두려운 일이 과연 무엇일까요?

"여호와는 내 편이시라 내가 두려워하지 아니하리니 사람이 내게 어찌할까"라는 시편 118편 6절과 "하나님이 우리 편이시면, 누가 우리를 대적하겠습니까?"(표준새번역, 새번역)라는 로마서 8장 31절이 본 주제와 가장 밀접한 구절들일 것으로 생각되지만, 그에 이어 "주께서 내 편이 되셔서 나를 도와주시니"(표준새번역)라며 자신하는 시편 118편 7절과 "내가 아뢰는 날에 내 원수들이 물러가리니 이것으

로 하나님이 내 편이심을 내가 아나이다"라고 단언하는 시편 56편 9
절 역시, 사람에게 듣더라도 무척이나 든든할 "나는 언제나 네 편이
야"라는 격려를 하나님이 당신의 러브레터인 성경을 통해 우리에게
전달하신 경우로 이해하게 됩니다.

　이 말씀들에 화답이라도 하듯 주님의 도움이 없었다면 자신들의
처지가 어땠을지를 가정하며 "주께서 나를 돕지 아니하셨다면, 내
목숨은 벌써 적막한 곳으로 가 버렸을 것이다"(표준새번역), "만군의
주께서 우리 가운데 얼마라도 살아 남게 하시지 않으셨다면, 우리는
마치 소돔처럼 되고 고모라처럼 될 뻔하였다"(표준새번역)라고 고백
한 시편 94편 17절과 이사야 1장 9절(롬 9:29), 그리고 "사람들이 우
리를 치러 일어날 때에 여호와께서 우리 편에 계시지 아니하셨더라
면 그 때에 그들의 노여움이 우리에게 맹렬하여 우리를 산채로 삼켰
을 것이며 그 때에 물이 우리를 휩쓸며 시내가 우리 영혼을 삼켰을
것이며 그 때에 넘치는 물이 우리 영혼을 삼켰을 것이라"라며 마치
영화의 한 장면 같은 생생한 묘사를 제시하는 시편 124편 2-5절 역
시, 무수한 전쟁을 치뤄야 했던 이스라엘이 그 전쟁들을 겪는 과정
에서 목격한 하나님, 즉 자신들의 편이 되어 대신 싸우시면서 피할
길까지 마련해 주시는 하나님을 확신하고는, 과거를 되돌아보며 감
사를 드리는 형식으로 올렸던 찬양입니다.

　이스라엘의 바벨론 포로 시기 전후, 큰 두려움에 싸인 그들이 하
나님의 "편들어 주심"을 어느 때보다 절실히 필요로 했을 바로 그
시점에, 하나님은 언제나 그들의 편이라는 당신의 입장을 확인해 주
시고자 "내가 너를 대적하는 자를 대적하고 네 자녀를 내가 구원할

것임이라", "너를 향해 화내던 사람들은 모두 부끄러움을 당하고 수치를 당할 것이다. 너와 다투던 사람들은 아무것도 아닌 것같이 돼 사라질 것이다"(우리말성경)라는 이사야 49장 25절과 41장 11절, "너를 탈취하는 자는 탈취를 당하며 무릇 너를 약탈하는 자는 내가 그로 약탈을 당하게 하리라"라는 예레미야 30장 16절 등의 말씀으로 선지자들의 입을 빌어 격려하셨습니다.

위에 소개된 시편 94편의 경우 그 시대적, 상황적 배경이 불분명하고 시편 124편 역시 정확한 시점과 배경은 확인되지 않은 채 다윗이 암몬과 시리아 연합군을 물리친 후 쓴 감사의 찬양이리라 추측되는 정도지만, 악인으로 인해 고통받던 기자가 하나님께 호소하는 내용(94편)이라는 것과 삶 전반이 고난의 연속이던 다윗에 의해 기록된 시(124편)라는 점을 고려할 때, 이 두 구절 또한 어떠한 위기나 어려움에 처해 있어도 늘 우리 편이 되시고 또 우리의 적에게 보응해 주시는 하나님을 증거하는 말씀들로 볼 수 있을 것입니다.

하지만 이스라엘 민족이 끊임없는 전쟁과 주변 민족의 공격을 막아내는 가운데 두려움에 싸여 잠시 잊고 있었을 뿐, 사실상 하나님은 이스라엘을(그리고 우리를) 당신의 백성으로 선택하시던 첫 순간부터 이미 그들의(우리의) 편이 되어 주겠다고 약속하신 바 있습니다.

"너를 축복하는 자에게는 내가 복을 내리고 너를 저주하는 자에게는 내가 저주하리니"라며 시작된 창세기 12장 3절의 언약이 "네가 만약 그[주의 천사]의 말에 순종하고 내 모든 말대로 하면 내가 네 원수들의 원수가 될 것이요, 네 적들의 적이 될 것이다"(우리말성경)라는 출애굽기 23장 22절과 "너를 축복하는 자마다 복을 받을 것이요 너를 저주하는 자마다 저주를 받을지로다"라는 민수기 24장 9절의 맹세로 계속 이어지면서 말입니다.

　하나님이 항상 당신의 백성에게서 눈을 떼지 않고 지켜보며 귀 기울이고 계시다는 사실 또한 "내가 애굽에 있는 내 백성의 고통을 분명히 보고 그들이 그들의 감독자로 말미암아 부르짖음을 듣고"라는 출애굽기 3장 7절(느 9:9; 행 7:34)이나 "나의 백성이 겪는 고난을 내가 보았고, 나의 백성이 살려 달라고 울부짖는 소리를 내가 내가 들었다"(표준새번역, 새번역)라는 사무엘상 9장 16절(시 106:44) 등에 증거되어 있으며, 같은 책 1장 11절에 기록된 "만약 주께서 주의 종의 비참함을 굽어보시고 저를 기억하시고 주의 종을 잊지 않고 제게 아들을 주신다면"(우리말성경)이라는 한나의 간구 역시 그들을 "굽어보시고", "기억하시고", "잊지 않으신" 하나님에 의해 그대로 응답되었음을 이어지는 19-20절에서 확인할 수 있습니다.

　이와 같이 하나님이 우리 편이기에 우리의 친구와는 친구가 되시고 우리의 적과는 적이 되시면서 늘 우리로부터 눈을 떼지 않고 계시다가, 우리가 고난을 겪을 때는 피할 길을 내주시며 우리의 대적에게 보응까지 하신다는 사실을 글자 그대로 믿었던 다윗은, 사울에게 쫓기던 망명 시절 지은 시편 35편 1절에서 "오 여호와여, 내가 다툴 때 내 편을 들어 주시고 나와 싸우는 사람들과 싸워 주소서"(우리말성경)라며 자신의 편인 하나님께 호소했던 한편, 왕권이 비교적 견고해진 시기의 기록으로 추정되는 시편 138편 7절에서는 "내 적들의 분노를 향해 주의 손을 뻗으실 것이고 주의 오른손이 나를 구원하실 것입니다"(우리말성경)라는 말로 그런 하나님으로 인한 든든함을 과시하기도 했습니다.

출애굽기 8장 23절에서는 모세와 아론을 통해 이집트에 내려진 열 가지 재앙 중 네 번째에 해당하는 파리 재앙의 예고와 함께 "내가 내 백성들과 네 백성들을 구별할 것이다"(우리말성경)라고 선언된 하나님의 말씀도 소개되는데, 당신의 백성과 바로의 백성 사이의 이러한 "구별"은 단순히 파리나 메뚜기, 종기, 우박 등의 재앙에만 그친 것이 아니라 유월(Passover)이라고 하는, 삶과 죽음, **구원**과 **멸망**의 여부를 가르는 결정적 단계로까지 점진하게 됩니다. 창세기 시기 미리 지역적 구분(창 46:34; 47:4, 6)이 이루어졌던 이스라엘 민족과 이집트 사람들 사이에 구속사적 차원에서의 '운명'을 가르는 사건이 발생하게 된 것이지요.

그러나 하나님이 이렇게 "내 백성"과 "네 백성"을 구별하신 후 절대적으로 "내 백성"의 '편'이 되어 주신 것은 당신의 백성인 이스라엘이(우리가) 더 선하거나 훌륭해서가 아니었으며 오로지 하나님의 주권(출 33:19; 말 1:2-3; 롬 9:10-15)과 은혜(롬 9:16; 11:5-6; 엡 2:8-9; 딤후 1:9; 딛 3:5)에 따른 일이었습니다. 또한, 이렇게 값없이 주어진 은혜는 사람의 행위와 전혀 관계 없이 예수님의 보혈을 통과하는(출 12:7, 13, 22-23) 과정에 의해 우리에게 선물 된 것입니다.

또한 하나님께서 이렇듯 우리를 "내 백성"으로 구별하면서 특별히 '편들어' 주시는 것이 본시 주님이 편 가르거나 차별 두기를 좋아하는 분이기 때문이어서도 아님은, "하나님께서는 사람을 차별함이 없이 대하시기 때문입니다"(표준새번역, 새번역)라는 로마서 2장 11절을 비롯한 여러 성경 구절들(행 10:34; 갈 2:6; 엡 6:9; 골 3:25; 벧전 1:17)에서 분명히 확인할 수 있는 사실입니다.

주님의 보혈을 지나 은혜 아래 거하게 된, 그럼으로써 세상과 차별화된 당신의 백성들이 강하고 교활한 세상과 영적 전쟁을 벌이고 있는 상황에서, 무력하고 아둔한 우리가 승리를 거둘 수 있도록 돕는 방법의 일환으로 택하신 조치일 뿐이니까요.

어차피 우리의 능력이나 공로로 하나님께서 편을 들어 주시는 것이 아니기에 우리가 여전히 부족하고 실수를 거듭하더라도 하나님의 편들어 주심은 언제나 변함없을 것입니다. 단, 우리가 하나님의 은혜 아래에 계속 거하면서 주님의 보혈을 묵상하는 일만 멈추지 않는다면 말입니다.

8

너를 잊지 않겠다

청소년기에 제가 무척 좋아했던 팝 트리오 "비지스(Bee Gees)"의 히트곡 중 <Don't Forget to Remember>라는 제목의 노래가 있었습니다. 굳이 직역을 하자면 "기억할 것(to Remember)을 잊지 말아 주세요(Don't Forget)"쯤으로 해석될 수 있을 텐데, 반드시 기억해 달라는 '애절한' 당부를 강조하기 위해 쓰여진 것이리라 짐작되는 표현입니다.

성경에서 발견되는 이에 비견할 만한 강조 어법으로 "비록 어머니가 자식을 잊는다 하여도, 나는 절대로 너를 잊지 않겠다"(표준새번역, 새번역)라는 이사야 49장 15절을 들 수 있지만, 이 구절은 도리어 하나님 편에서 우리를 잊지 않겠다고 확약해 주신 경우로, 어머니가 자식을 잊는다는 것은 정상적 혈연 관계에서 결코 일어날 수 없는 일인 만큼, 반전 접속사를 사용한 이 같은 대구법을 통해 하나님이 우리를 잊는 것이 그보다도 더 불가능한 일임을 명시하기 위한 서술 방식이라고 하겠습니다.

개인적으로 저에게는 "너를 잊지 않겠다"며 주신 하나님의 약속들 중 가장 실체감이 느껴지는 동시에 가슴을 뭉클하게 만드는 말씀이기도 합니다.

하나님이 우리에게 이렇듯 확실한 다짐을 주시게 된 이유에 대해서 "내가 너를 모태에 짓기 전에 너를 알았고 네가 배에서 나오기 전에 너를 성별하였고"라는 예레미야 1장 5절과 "너희가 태어날 때부터 내가 너희를 안고 다녔고, 너희가 모태에서 나올 때부터 내가 너희를 품고 다녔다"(표준새번역, 새번역)라는 이사야 46장 3절 말씀에 명확한 설명이 제시되어 있습니다.

즉, 우리가 어머니의 복중에서 만들어지기 이전부터 – 사실은 태초부터 – 우리를 알고 구별하실 만큼 우리 각자가 하나님께 귀하고 특별한 존재이기에 "내가 너를 지었다. 너는 나의 종이다. 이스라엘아, 내가 너를 절대로 잊지 않겠다"(표준새번역, 새번역)라고(사 44:21) 말씀하심으로 "너를 기억할 것을 잊지 않겠다(I will *not forget to remember you*)"라는 약속을 주셨다는 것이지요. 게다가 이렇게 귀하고 특별한 우리를 갓난 아기 때 그리하신 것처럼 나이 들어 노인이 되어도 변함없이 안고 품으며 돌봐 주겠다는 다짐까지 이사야 46장 4절의 맹세를 통해 전해 주고 계십니다: "너희가 노년에 이르기까지 내가 그리하겠고 백발이 되기까지 내가 너희를 품을 것이라 내가 지었은즉 안을 것이요 품을 것이요 구하여 내리라."

하나님 편에서 주신 이러한 약속들을 인간 쪽에서 증언이라도 하듯 신기할 만큼 정확하게 위의 각 말씀에 상응되는 구절들을 성경 안에서 또한 발견하게 되는데, "내 부모가 나를 버릴지라도 여호와는 나를 받으실 것입니다"(우리말성경)라는 시편 27편 10절을 시작으로, "나의 형질이 갖추어지기도 전부터, 주께서는 나를 보고 계셨으며, 나에게 정하여진 날들이 아직 시작되기도 전에 이미 주의 책에다 기록되었습니다"(표준새번역)라고 한 시편 139편 16절과 "나는 태어날 때부터 주의 품에 맡겨졌고 내 어머니의 태에서부터 주께서는 내 하나님이셨습니다"(우리말성경)라는 시편 22편 10절, 그리고 "내가 태어나기도 전부터 주께서는 나를 그의 종으로 삼으셨다"(표준새번역)라 간증하는 이사야 49장 5절 등이 바로 그런 말씀들입니다.

앞 문단에서 언급되었던 하나님의 "약속"들과 현재 문단에서 다루고 있는 인간의 "화답"을 순서대로 비교해 보면(사 49:15 = 시 27:10 / 렘 1:5 = 시 139:16 / 사 46:3 = 시 22:10 / 사 44:21 = 사 49:5) 각각 네 가지의 구절들이 정말 놀랍도록 정확히 상호 대응하고 있음을 확인하게 되는바, 그런 만큼 이 말씀들은 성경이 단지 사람들의 머릿속에서 만들어진 사고의 산물이 아니라 하나님의 뜻이 인간의 입을 통해 전달된 "성령의 감동의 소산"임을 입증하는 실례(實例)로도 활용될 수 있으리라 생각합니다.

그뿐 아니라, 태중에서부터 우리를 "이름으로" 부르신(출 33:17) 하나님에 대하여 "여호와께서 태중에서부터 나를 부르셨다. 내 어머니의 자궁에서부터 내 이름을 지으셨다"(우리말성경)라고 간증하는 이사야 49장 1절을 비롯해, "내가 모태에서부터 주를 의지했고 나를 내 어머니의 뱃속에서 끌어내신 분은 주시니"(우리말성경), "너의 구원자, 너를 모태에 만드신 주께서 말씀하신다"(표준새번역)라고 한 시편 71편 6절과 이사야 44장 24절 등의, 모태에서부터 우리를 부르시고 구별하신 하나님에 대한 증언을 구약성경의 여러 부분에서 만나게 되는 한편, 신약성경에서도 역시 "어머니의 태에서부터 나를 따로 세우시고 은혜로 나를 부르신 하나님께서"(우리말성경)라는 같은 맥락의 말씀을 갈라디아서 1장 15절에서 발견하게 됩니다.

우리가 어떤 이성이나 사고 체계를 확립하기 훨씬 이전의, 더욱이 하나님에 대해 전혀 알지도 못하던 시기부터 이미 우리를 선택하셨고 앞으로도 영원히 지켜 주실 것임을 이처럼 여러 가지 말씀을 통해 반복하시는 하나님의 마음은, "내가 또한 이스라엘 자손 가운데 거하며 내 백성 이스라엘을 버리지 아니하리라"라는 열왕기상 6장 13절에서의 1인칭 화법은 물론, "여호와께서는 그분의 위대하신 이름을 위해 자기 백성들을 저버리지 않으실 것이다"(우리말성경), "주께서는 당신의 백성을 외면하지 않으시며, 당신의 소유를 버리지 않으실 것입니다"(표준새번역)라는 사무엘상 12장 22절과 시편 94편 14절의 3인칭 화법을 통해서도 분명하게 제시됩니다.

어떠한 경우에도 우리를 잊거나 떠나지 않겠다는 당신의 심정을 이같이 여러 방법을 사용해 표현하심으로써 – 글의 시작 부분에 소개되었던 이사야 49장 15절의 강조 방식과 연결선상에서 – 전하려는 핵심 메시지에 보다 확실한 무게감을 부여하고 계시는 것이지요.

하지만 우리가 짧지 않은 인생을 살아가다 보면 하나님께 열심히 기도하고 간구해도 아무런 응답이 없을 뿐더러 도대체 하나님이 내 기도를 듣고 계시는지조차 의심스러워 자신도 모르게 원망과 탄식이 절로 나오는 상황을 맞을 때가 있습니다.

이유 모를 고난을 겪어야 했던 욥이 "어찌하여 주께서 나를 피하십니까?"(표준새번역), "내가 앞으로 가도 그가 아니 계시고 뒤로 가도 보이지 아니하며 그가 왼쪽에서 일하시나 내가 만날 수 없고 그가 오른쪽으로 돌이키시나 뵈올 수 없구나"라며 쏟아 낸 한탄(욥 13:24; 23:8-9)이나, 하박국 선지자가 자신들의 고통을 외면하시는 듯한 하나님을 향해 "여호와여 내가 부르짖어도 주께서 듣지 아니하시니 어느 때까지리이까"라며 터뜨린 울분(합 1:2)이 그런 우리의 심정을 대변하는 구절들일 것입니다.

그리고 이같이 고통스러운 상황은 지금까지 본서에서 다루었던 앞서 이끄시고 함께하시며, 너는 내 것, 나는 네 편이라고 다정히 말씀해 주시는 하나님의 '처사'라고 생각하기에는 너무도 이해하기 어려운 삶의 실상입니다.

사실 시편만을 따로 떼어 보더라도 8편 4절에서는 "사람이 무엇이기에 주께서 이렇게까지 생각하여 주시며, 사람의 아들이 무엇이기에 주께서 이렇게까지 돌보아 주십니까?"(표준새번역)라며 하나님의 과분한 배려와 은혜에 겸손한 감사를 올리던 다윗이, 10편 1절(22:1; 88:14)과 43편 2절(74:1)에 이르러선 "오 여호와여, 어찌하여 멀리 서 계시며 어찌하여 내가 어려울 때 숨어 계십니까?"(우리말성경), "나의 요새이신 나의 하나님, 어찌하여 나를 버리셨습니까? 어찌하여 나는 원수에게 짓눌려 슬픔에 잠겨 있어야만 합니까?"(표준새번역, 새번역)라고 하나님을 원망하며 고난의 이유(why)를 거세게 따져 묻습니다.

더욱이 사울에게 쫓기던 시기에 기록된 것으로 보이는 13편에서는 "주님, 언제까지 나를 잊으시렵니까? 영원히 잊으시렵니까? 언제까지 나를 외면하시렵니까? 언제까지 나의 영혼이 아픔을 견디어야 합니까? 언제까지 나의 영혼이 고통을 받으며 괴로워하여야 합니까? 언제까지 나의 영혼이 내 앞에서 의기양양한 원수의 꼴을 보고만 있어야 합니까?"(표준새번역, 새번역)라며 첫 두 절 안에 "언제까지(how long)"라는 의문사가 다섯 번이나 제기될 만큼 하나님을 향해 신랄한 힐문을 던지기도 합니다. 위에서 다루었던, 자신의 형질이 갖추어지기 전 이미 지켜 보고 계셨고(시 139:16) 태어날 때부터 그 품에 맡겨졌으며(시 22:10)

부모가 버릴지라도 자신을 버리지 않으시리라는(시 27:10) 말로 하나님의 돌보심과 함께하심의 은혜를 간증했던 것이 바로 동일 인물인 다윗임에도 말입니다.

그러나 "우리는 매인 사람들이었지만 하나님께서는 우리가 속박당했을 때에도 우리를 버리지 않으시고"(우리말성경)라는 에스라 9장 9절과 "우리를 비천한 가운데에서도 기억해 주신 이에게 감사하라"라는 시편 136편 23절의 말씀을 묵상해 보면, 뒷 부분의 "버리지 않으시고", "기억해 주신" 은혜를 얻기 전에 먼저 "매이고", "속박당하며", "비천했던" 과거가 있었음을 깨닫게 됩니다. 그 시간이 우리에게는 영원처럼 길게 느껴질 수도 있지만 "주의 약속은 어떤 이들이 더디다고 생각하는 것 같이 더딘 것이 아니라"라는 베드로후서 3장 9절의 말씀처럼 하나님의 일하심에 더딘 경우란 결코 존재하지 않기에, 우리에게 그 기다림의 시간은 – 하나님이 의도하신 바와 같이 – 하나님의 사랑과 예수님의 인내를 배워 가는(살후 3:5) 기회로 삼아야 마땅합니다: "주께서 여러분의 마음을 인도하셔서 하나님의 사랑과 그리스도의 인내에 이르게 하시기를 빕니다"(우리말성경).

다윗 역시 "언제까지"라는 질문을 속사포처럼 쏟아 부었던 같은 시편 13편에서조차 두 절을 지난 5절부터는 "그러나 나는 주의 변함없는 사랑을 믿습니다. 내 마음이 주의 구원을 기뻐합니다. 주께서 내게 은혜를 베푸셨으니 내가 여호와를 찬송할 것입니다"(우리말성경)라며 급작스럽다고 할 만큼 태도를 바꿔 다시 하나님께 감사 찬양을 올리는 모습을 보여 줍니다. 물론 그간의 사정을 우리가 다 알 수는 없지만 그럼에도 불구하고 확인되는 한 가지 사실은, 다윗이 이처럼 급변한 태도를 취할 수 있었던 이유가 힘들고 고통스러운 상황 한 가운데에서도 하나님의 "변함 없는 사랑"을 기억하며 그 사랑에의 신뢰를 회복하게 되었기 때문임이 그 자신의 말(시 13:5)에서 증언되고 있다는 점입니다.

그렇기에 우리의 삶에서 언제든 하나님이 멀리 떠나 버리신 것처럼, 그래서 홀로 동그마니 남겨진 것처럼 느껴지는 순간이 다시 온다면, 그 순간이야말로 아버지 하나님이 우리를 "버리지 않기 위해" 하나뿐인 당신의 아들을 "버리셨다"는 사실을 기억해야만 할 때입니다. "당신의 아들을 아끼지 않으시고, 우리 모두를 위하여 내주신 분이, 어찌 그 아들과 함께 모든 것을 우리에게 선물로 거저 주지 않으시겠습니까?"(표준새번역)라는 로마서 8장 32절의 말씀이 우리 귀에 생생히 들려주듯 말이지요.

9

잠잠히 주님을 기다리라

　인간이 참고 견디기에 가장 어려운 일 중 하나는 바로 기다리는 행위가 아닐까 생각하곤 합니다. 고단한 일상에서 벗어날 수 있는 휴식과 여행, 사랑하는 사람들 간의 만남 등 일정이 정해지고 즐거움이 보장된 미래라면야 그 기다림이 행복한 일일 수 있겠지만, 내일을 알 수 없는 암담한 미래 앞에서 실현될 것 같지 않은 꿈이나 희망을 막연히 기다리고 있어야 한다면 – 더구나 스스로 할 수 있는 일이 전혀 없어 손을 놓은 채 기다리고만 있는 처지라면 – 그보다 더 큰 고통은 없을 테니 말입니다.

　앞 장인 "너를 잊지 않겠다"에서 언급된 욥과 다윗, 하박국 선지자의 막막한 심경과 "언제까지"라며 부르짖던 절규 역시 그들이 처한 같은 상황에 기인한 것이었습니다.

　하지만 그럼에도 <하나님은 우리의 피난처가 되시며>라는 찬양곡의 가사로 많은 이들에게 친숙할 "너희는 가만히 있어 내가 하나님 됨을 알지어다"라는 시편 46편 10절 말씀과, 뒤쫓아 오는 이집트 군대 때문에 두려움에 떨고 있던 백성들을 향하여 "너희는 가만히 서서, 주께서 오늘 너희를 어떻게 구원하시는지 지켜 보기만 하여라"(표준새번역), "여호와께서 너희를 위해 싸우실 것이니 너희는 그저 가만히 있기만 하면 된다"(우리말성경)라고 한 모세의 독려(출 14: 13, 14), 모압과 암몬 등 외세의 침입을 목전에 둔 유다 백성에게 야하시엘이 건넨 "이 전쟁에서 너희는 싸울 것이 없다… 그저 너희 자리를 지키고 굳게 서서 너희와 함께하는 여호와의 구원을 보라"(우리말성경)라는 전언(대하 20:17), 그리고 하나님께 순종할 것을 권고하는 자신의 마지막 설교에서 사무엘이 했던 "너희는 이제 가만히 서서 여호와께서 너희 목전에 행하시는 이 큰 일을 보라"라는 당부(삼상 12:16)처럼 그저 가만히 있으면서 당신이 하는 일을 지켜 보기만 하라고 명하시는 하나님의 말씀은, 깊은 묵상과 담담한 실천을 요구하는 과제로 우리의 앞에 놓여 있습니다.

"가만히 있다" 혹은 "가만히 서다"라는 우리말 표현은 아무런 활동 없이 그저 시간만 낭비하는 '소극적' 태도로 인식되기 쉽지만, 그에 해당하는 영어 성경의 어휘인 "Stand Still"이 이스라엘과 아모리 간의 전쟁 중 해와 달이 제자리에 그대로 있던 기적적 자연 현상(수 10:12-13)에서의 "멈춰 있다", "멈춰 서다"와 같은 동사임을 생각하면, 이 말은 꼼짝도 않고 꼿꼿이 서서 버티는 '적극적' 행위로 이해해야 더 정확한 개념이라고 할 수 있습니다.

누가 자신의 팔다리를 묶어 도저히 움직일 수 없는 불가항력의 상황이라면 모를까 자기 뜻대로 몸을 움직일 수 있는 사람이 꼼짝 않고 버틴다는 것은 적극적으로 순종하겠다는 각오와 결단이 있어야만 가능한 일이니 말입니다.

"주 여호와 앞에서 잠잠할지어다"라는 스바냐 1장 7절과 "육체를 지닌 모든 사람은 주 앞에서 잠잠하여라"(표준새번역, 새번역)라는 스가랴 2장 13절, "오직 여호와는 그 성전에 계시니 온 땅은 그 앞에서 잠잠할지니라"라고 한 하박국 2장 20절에는 그냥 가만히 있는 정도가 아니라 "아무 말도 말고" 조용히 있으라는 명령까지 주어져 있는데, 이 구절들을 읽다 보면 여호수아 6장 10절, 즉 이스라엘 백성들이 여리고 성 주위를 돌기 시작하던 첫날 "너희는 외치지 말고 소리도 내지 말라. 입 밖에 아무 말도 내지 말고 내가 '외치라!'고 명령하는 날에 외치라"(우리말성경)라며 하나님의 명령을 대언했던 여호수아의 지시가 함께 연상됩니다. 물론 이들이 '몸'을 움직여 성 주위를 돌았으니 가만히만 있던 것은 아니라 해도 자신들의 '마음'대로 하는 어떤 행위도 불허된 채 그냥 묵묵히, '바보처럼' 지정된 장소를 돈 후 다시 진영으로 되돌아오란 것이었다는 점에서, 이 역시 "멈춰 있으라"는 말과 별 차이 없는 명령이라 보아 무방할 것입니다.

"수수방관"이라는 말에서 느껴지는 부정적 이미지처럼, 손을 놓고 아무 것도 하지 않으면서 그저 지켜만 보고 있는 일은 무언가를 열심히 추구하며 동분서주하는 것보다 우리에게 훨씬 더 힘들고 어렵게 느껴질 수 있습니다. 모든 상황이 자신의 손 안에서 통제되며 진행되어야만 마음이 놓이는 현대인의 경우에는 더더욱 그렇겠지요.

『남자 다윗』(Gettin' There: How a Man Finds His Way on the Trail of Life)이라는 책을 쓴 스티브 파라(Steve Farrar)는 이렇듯 암담한 상황의 원인 분석에서 시의 운율(rhyme) 개념을 차용하는데, 시에서의 운율이 모든 낱말에 다 주어지는 것이 아니라 각 연과 행의 끝 단어에만 부여되는 규칙이듯, 우리의 삶 가운데 아무런 의미를 찾을 수 없다고 느꺼지는 순간들도 사실은 어떤 결정적 상황들의 '사이'에 끼어 있는 시간일지 모른다는 나름의 해석을 이 책에서 제시합니다. "만일 당신이 지금 도저히 납득이 가지 않는 환경에 처해 있다면 그것은 운율을 맞추기 **바로 전**의 낱말에 위치해 있기 때문일 수 있습니다"라는 부연 설명과 함께 말이지요.

기다림의 '기간'이라는 문제에 있어서도 우리가 생각하는 시간은 하나님의 시간 관념과는 거리가 먼 데다가 – "주께는 하루가 천 년 같고 천 년이 하루 같은 이 한 가지를 잊지 말라"라는 베드로후서 3장 8절의 교훈과 같이 – 설령 인간의 눈으로 볼 때 지체되는 것처럼 여겨지는 상황일지라도 완벽하신 하나님의 계획은 조금의 지체함 없이 성취될 것임을 "이 묵시는 정해진 때가 돼야 이뤄지고 마지막 때를 말하고 있으며 반드시 이뤄진다. 비록 늦어진다 해도 너는 기다려라. 반드시 올 것이며 지체되지 않을 것이다"(우리말성경)라는 하박국 2장 3절의 말씀이 확인해 주고 있습니다.

목사이자 선교사인 론 수섹(Ron Susek)이 쓴 『불기둥』(*Firestorm*)이라는 책에 따르면, 본시 히브리어에서의 "멈춰 있으라(Be Still)"란 치열한 전쟁을 앞두고 숨죽인 채 대기하는 군사들의 긴장감을 연상시키는 말이었지만, 하나님이 우리에게 이렇게 하라고 말씀하실 때는 출격을 멈추고 무기를 내려 놓은 후 "편히 쉬라"는 원래의 뜻과 정반대 의미로 바뀐 명령이 된다고 합니다. 그처럼 우리가 편한 마음으로 쉴 수 있는 이유는 자신보다 훨씬 강하신 분을 믿고 뒤로 물러나 쉼으로써 새로운 에너지가 영혼에 채워지기 때문이라는 설명도 이에 덧붙여 있지요.

실제로 마태복음 11장 28절의 "수고하고 무거운 짐 진 자들아 다 내게로 오라 내가 너희를 쉬게 하리라"라는 말씀을 통해 하나님 안에서 우리가 경험할 수 있는 가장 큰 축복은 모든 부담을 벗어 버린 후의 안식이라는 것을 알게 되며, "해 질 무렵에 사람들이 온갖 병자들을 데리고 나아오매 예수께서 일일이 그 위에 손을 얹으사 고치시니"라는 누가복음 4장 40절(마 8:16; 막 1:32)의 말씀에선 우리가 일에서 손을 떼고 물러난 다음에야 – 해 진 후의 밤 시간이 되어서야 – 하나님이 본격적으로 일하신다는 사실도 깨닫게 됩니다.

하나님의 일하심을 가만히, 잠잠히 기다리는 사람에게 합당한 자세를 알려 주는 말씀들이 시편의 내용 중 특히 많이 발견되는데, "주는 내 구원의 하나님이시니 내가 종일 주를 기다리나이다", "내가 주를 바라오니 성실과 정직으로 나를 보호하소서"라는 25편 5절과 21절, 초조함 가운데에도 하나님의 보호와 처분을 담담히 기다리는 심정을 "내가 주님을 기다린다. 내 영혼이 주님을 기다리며 내가 주의 말씀만을 바란다"(표준새번역, 새번역)라고 설파한 130편 5절(시 33:20)을 포함해, "내가 여호와를 기다리고 기다렸더니 귀를 기울이사 나의 부르짖음을 들으셨도다"라며 그 기다림에 응답해 주신 하나님의 은혜를 간증하는 40편 1절 등이 그에 해당하는 구절들입니다.

설교 예화에 자주 인용됨으로써 많은 기독교인들에게 익숙할 "모소대나무(Moso Bamboo)"의 이야기는 기다림에 관한 교훈을 제시하는 적절한 예들 중 하나일 것입니다. 중국 동부 지역에서 자생하며 모죽이라고도 불린다는 이 수종은 4년을 키워도 3센티미터 밖에 자라지 않다가 5년째가 되면서 갑자기 하루에 30센티미터 이상 자라기 시작해 6주 만에 무려 15미터가 넘는 거대한 대나무로 성장한다는 것인데, 씨앗을 뿌리고 4년이 지나도록 좀처럼 자라는 기색이 없어 죽은 줄만 알았던 사람들이 단숨에 너무 높이 자라는 나무의 뿌리가 염려되어 땅을 파 보니, 아무리 파헤쳐도 끝이 보이지 않을 만큼 넓게 이어진 뿌리가 목격되었다는 말도 전해집니다. 언뜻 생각하면 단시간에 급격한 성장을 이룬 것처럼 보이는 이 나무가 실제로는 4년 동안 땅속에서 묵묵히 "뿌리 내림"을 하고 있었다는 사실은, 우리 눈에 전혀 보이지 않지만 물밑에서 쉼 없이 '작업'하고 계신 하나님의 일하심, 그 "정중동(靜中動)"의 과정을 연상시켜 주지요.

잠잠히, 조용히 있으라는 것은 그와 동시에 – 사실상 보다 중요하게 – 주님을 기다리고 찾으라는 명령이기도 합니다. "잠잠히 주님을 바라고, 주님만을 애타게 찾아라"(표준새번역, 새번역)라는 시편 37편 7절과 "너는 주님을 기다려라. 강하고 담대하게 주님을 기다려라"(새번역)라는 시편 27편 14절의 강력한 권면은 물론, "여호와의 구원을 조용히 기다리는 것이 좋도다"(우리말성경), "여호와를 바라고 그의 도를 지키라 그리하면 네가 땅을 차지하게 하실 것이라"라고 한 예레미야애가 3장 26절과 시편 37편 34절(시 37:9)의 부드러운 권유 또한 주님을 "기다림"과 동시에 열심히 "찾으라"고 우리에게 주시는 하나님의 명령이듯 말입니다.

눈에 보이는 것을 누가 바라겠느냐며 눈에 보이는 실체는 소망의 대상일 수 없음을(롬 8:24) 예리하게 지적한 사도 바울은, "우리가 보이지 않는 것을 바라면, 참으면서 기다려야 합니다"(표준새번역, 새번역)라는 다음 절의 내용(롬 8:25)에서도 동일한 교훈을 전하고 있습니다.

"하나님의 지체하심은 거절을 의미하는 것이 아니다(God's delays are not God's denials)"라는 로버트 슐러(Robert Schuller)의 일성처럼, 아무리 배가 고프다고 졸라도 뜸이 들지 않아 배탈을 일으킬 밥은 자녀에게 절대 먹이지 않는 부모의 심정으로 하나님은 모든 일의 숙성 과정을 지켜 보고 계십니다. 물론 우리 각자의 인격적 성숙도 중요한 요소 가운데 하나겠지요.

가능하면 우리가 그 기다림의 시간 동안 고통스런 마음을 참으며 억지로 인내하기 보다는, 부모님이 약속하신 선물을 손꼽아 기다리는 어린아이의 심정으로 즐기고 누리며 지낼 수 있기를 감히 기도해 봅니다. "피할 수 없으면 즐겨라(If you can't avoid it, enjoy it)"라는 유명한 문구도 문득 떠오르는군요.

10

주님을 찾고 구하라

　기독교인이 아닌 많은 대중들에게도 격언이나 속담처럼 널리 알려져 있는 "구하라 그러면 얻을 것이요, 찾으라 그러면 찾을 것이요, 두드리라 그러면 열릴 것이다"라는 말씀이 하나님을 믿지 않는 비신앙인들에게는 마치 스스로 열심히 노력해서 얻고 찾고 열라는 자기계발서의 한 구절처럼 통용되곤 하지만, 실상 마태복음 7장 7절(눅 11:9)의 이 말씀은 그러한 '능동태' 문장이 아니라 "구하여라, 그리하면 하나님께서 너희에게 주실 것이다. 찾아라, 그리하면 너희가 찾을 것이다. 문을 두드려라, 그리하면 하나님께서 너희에게 열어 주실 것이다; 새번역(Ask and it will *be given* to you; seek and you will find; knock and the door will *be opened* to you)"와 같이 '수동태'로 이루어진 – 하나님이 주어이실 때만 능동태일 수 있는 – 문장들입니다.
　바꿔 말하면, 스스로의 힘으로 뭔가를 얻거나 문을 열기 위해 노력할 것을 권하는 '권유문'으로보다, 구하고 두드리면 하나님이 공급해 주시고 길을 열어 주신다는 사실을 기술한 '서술문'으로 이해해야 더 적절하다는 것이지요. 하지만 "찾아라, 그리하면 너희가 찾을 것이다(seek and *you* will find)"라는 문장만은 이에 해당하지 않는 예외적 경우인데, 여기에서 눈에 띄는 "너희가 찾을 것"이라는 능동형 표기가 한국어 성경과 영어 성경의 모든 버전에서 공통적으로 발견되는 번역 방식이기 때문입니다.

앞 장의 "잠잠히 주님을 기다리라"에서 "잠잠히 기다리는" 일이 스스로의 선택과 결단을 요구하는 적극적이고 능동적인 행위라는 것과 기다리는 과정에는 열심히 주님을 찾고 구하는 태도가 함께 병행되어야 한다는 사실을 지적했던 바와 같이, 위의 마태복음과 누가복음의 잘 알려진 말씀들에도 그와 동일한 원리가 적용되고 있을 뿐더러, "너희가 온 마음으로 나를 구하면 나를 찾을 것이요 나를 만나리라"라는 예레미야 29장 13절과 "나는 나를 사랑하는 자들을 사랑하니 일찍부터 나를 찾는 자들은 나를 찾을 것이다"(우리말성경)라는 잠언 8장 17절 또한 같은 원칙을 바탕으로 한 약속이라는 점을 주목할 필요가 있습니다.

하나님을 찾고 구하는 일에 전심을 다했던 믿음의 선조들이 성경에서 제시하는 여러 '모범 사례' 가운데에도, 고라 자손이 기록한 "하나님이여 사슴이 시냇물을 찾기에 갈급함 같이 내 영혼이 주를 찾기에 갈급하니이다"라는 시편 42편 1절은, 비유법을 통해 그 절절한 마음을 실감나게 묘사함으로써 많은 사람들의 입에 오르내리는 친숙한 말씀이 되었습니다.

또한, 그보다는 조금 덜 알려졌을 수 있으나 내용은 거의 유사한 다윗의 시들로 "오 하나님이여, 주는 내 하나님이시니 내가 주를 간절하게 찾습니다. 물이 없어 메마르고 지친 땅에서 내 영혼이 주를 목말라하며 내 육체가 주를 간절히 바랍니다"(우리말성경)라는 시편

63편 1절과 "주를 향하여 손을 펴고 내 영혼이 마른 땅 같이 주를 사모하나이다"라고 한 시편 143편 6절 역시 주님을 찾는 영혼의 갈급함을 생생하게 표현한 구절로 꼽을 수 있습니다.

"내 눈이 항상 여호와를 바라봄은 내 발을 그물에서 벗어나게 하실 것임이로다"라는 다윗의 공표(시 25:15)와 "내 영혼이 밤에 주를 바라고 내 마음이 주를 부지런히 찾습니다"(우리말성경)라고 한 이사야의 선언(사 26:9)이 하나님께 늘 시선을 정조준해야 마땅할 신앙인의 모범 답안적 자세이기는 하지만, "내가 고난당할 때에, 나는 주님을 찾았습니다"(표준새번역, 새번역)라고 한 아삽의 고백(시 77:2)이나 "우리는 어떻게 해야 할지 모르겠습니다. 오직 우리 눈은 여호와만 바라볼 뿐입니다"(우리말성경)라며 당혹스러워 하는 여호사밧 왕의 다급한 간구(대하 20:12) 또한, 평소에는 이리저리로 산란하던 시선을 큰 환란이 닥쳐서야 하나님께 고정하게 되는 연약한 우리 대다수가 공감할 솔직한 '자백'이기에, 하나님도 나무라시기보다 불쌍히 여기며 응답해 주실 기도이리라 생각합니다.

하나님의 존현을 갈망하는 위의 구절들은 "여호와와 그의 능력을 구할지어다 항상 그의 얼굴을 찾을지어다"라는 역대상 16장 11절(시 105:4)과 "너희는 내 얼굴을 찾으라 하실 때에 내가 마음으로 주께 말하되 여호와여 내가 주의 얼굴을 찾으리이다 하였나이다"라는 시편 27편 8절(시 24:6) 등의 말씀도 떠오르게 해 주는바, 하나님의 '얼굴'보다 '손'에 더 시선을 집중하는 요즘 기독교인들의 세태를 개탄한 젠센 프랭클린(Jentezen Franklin)은 자신의 책인 『영적 분별력』(*Right People, Right Place, Right Plan*)에서 "하나님의 손이 아닌 그분의 얼굴을 구하라. 우리는 받을 것을 원하지만, 하나님은 **대면**을 원하신다. 하나님의 은혜의 통로에만 마음을 빼앗겨 하나님이 우리의 **근원**이심을 잊어서는 안 된다. 엘리야가 얻은 물의 근원은 시내가 아니라 하나님이셨다"라고 일갈하고 있습니다. 이 역시, 공급자이신 주님의 손에 우리가 필요로 하는 모든 물질이 들려 있는 것은 사실이지만, 그럼에도 여전히 우리가 진정으로 추구할 대상은 선물보다 "선물을 주시는 분"이어야 한다는 요지로 이해하게 되는 주장입니다.

아들 솔로몬이 완성하게 될 성전 건축의 준비 작업을 마친 다윗이 지도자들에게 남겼던 "그러므로 너희는 마음과 영을 다해 여호와 너희 하나님을 찾으라"(우리말성경)라는 당부(대상 22:19)와 예수님이 전해 주신 "너희는 먼저 그의 나라와 그의 의를 구하라"라는 명령(마 6:33; 눅 12:31)은, 삶을 영위하는 과정에서 육과 혼이 원하고 추구하는 물질적, 세상적 목표를 계속 만들어 내며 또 그 목록을 끝없이 늘려 가곤 하는 우리에게 진실로 마음과 영을 다해 추구하고 좇아야 할 가치가 있는 대상은 오직 하나님 한 분뿐이라는 사실을 환기시켜 주는 말씀들입니다. 이를 두고 『하나님 나라』(The Kingdom of God)의 저자인 드미트리 로이스터(Dmitri Royster)는 "하나님과 세상에 한 발씩 걸친 채로 추구하는 세상 일에 문제가 생길 경우 보험처럼 사용하기 위해 하나님을 믿는 이들이 아니라, 오직 하나님의 나라와 그의 의만을 사랑하며 자신의 모든 신뢰를 주님 한 분에게 둔 사람들을 위해 주신 말씀"이라고 정의하고 있습니다.

마태복음 6장 33절을 주제로 다룬 "오늘의 양식"에서는, 영어 성경 버전의 하나인 AMP가 이 구절의 "구하라(seek)"라는 동사를 "목표로 삼으라(aim at)", "추구하라(strive after)"의 의미로 번역했음을 지적하며, 우리가 이 땅에서 하나님의 나라와 의를 구할 수 있는 구체적인 방법으로 "타인과의 관계에서 사랑과 양보의 모범을 보이고 성령의 인도하심을 따르면서 일상에서 기쁨과 평화를 발견해 내는 일"을 예시합니다. 우리가 이런 삶의 모습을 "목표로 삼고", "추구해" 나갈 때 "그리하면 이 모든 것을 너희에게 더하시리라"라는 약속과 같이 우리에게 필요한 그 외의 모든 것들은 하나님이 '알아서' 채워 주신다는 것이지요.

위 구절들(대상 22:19; 마 6:33; 눅 12:31)의 진실성을 증명이라도 하듯 실제로 역대하 15장 15절에는 "무리가 마음을 다하여 맹세하고 뜻을 다하여 여호와를 찾았으므로 여호와께서도 그들을 만나 주시고 그들의 사방에 평안을 주셨더라"라는 간증이 제시되어 있습니다. "주의 교훈을 지키며 온 마음을 기울여서 주님을 찾는 사람은, 복이 있다"(표준새번역)라고 하는 시편 119편 2절과 "주께서는, 주를 기다리는 사람이나 주를 찾는 사람에게 복을 주신다"(표준새번역)라는 예레미야애가 3장 25절의 축복의 약속과 함께, "젊은 사자들이라도 힘이 없고 굶주릴 수 있지만 여호와를 찾는 사람들은 좋은 것이 부족할 리 없습니다"(우리말성경)라며 대구법을 사용해 의미를 강조한 시편 34편 10절도 예수님이 남기신 "모든 것을 더해 주겠다"는 약속과 맥락을 같이 하지만, 한때 하나님을 찾으며 순종하다가 이후 권력과 국력이 견고해지면서 교만이 고개를 들어 나병이라는 징벌까지 받게 된 웃시야왕에 대한 기록인 "그가 여호와를 찾을 동안에는 하나님이 형통하게 하셨더라"라는 역대하 26장 5절에서는 우리에게 주시고자 하는 하나님의 교훈이 보다 직접적으로 전달되고 있는 느낌을 받습니다.

글의 시작 부분에서도 언급되었듯 잠잠히 하나님을 기다리는 일과 하나님을 찾고 구하는 일에는 스스로의 '선택'이라는 의지와 결단이 필요합니다.

프랑스의 철학자인 – 동시에 심리학자, 수학자, 과학자, 발명가였을 만큼 석학이던 – 블레즈 파스칼(Blaise Pascal)은, 하나님이 진심으로 당신을 찾고자 하는 사람에게는 스스로를 분명히 드러내 보이시는 반면 찾으려 하지 않는 사람들, 그리고 믿지 않겠다고 '의지적으로' 결정한 사람들(믿기를 **원치 않을** 뿐더러 도리어 하나님이 **없기를 바라는** 사람들)에게는 그들이 원하는 것을 한치의 오차 없이 그대로 주신다는 자신의 신념을 피력한 바 있습니다.

"하나님은 그를 찾는 사람들에게는 보이고 그렇지 않은 사람들에게는 보이지 않는 어떤 징표를 주심으로써, 온 마음을 다해 그분을 찾는 사람들에게 완벽하게 인지되고 공공연히 드러나기를, 그리고 자신을 피하는 사람들로부터는 가리워질 것을 원하셨다. 보기를 원하는 사람들에게 충분한 **빛**이 주어진 만큼이나, 보지 않기를 원하는 이들에게는 충분한 **어둠**이 주어진 것이다"라는 명문장을 통해서 말이지요.

C. S. 루이스가 지옥에 대하여 내린 정의, 즉 영원한 유황불의 고문으로 묘사되는 지옥의 고통이 사실은 "하나님의 존전에서 **축출됨**으로써 그분의 사랑과 자비를 경험할 기회를 영원히 **상실한 상태**"를 의미한다는 관점도 지금의 논의에 시사하는 바가 큽니다. 자기 자신에게만 초점을 맞춤에 따라 초래된 하나님과의 영원한 분리는 하나님이 내리신 일방적 처벌이 아니라 "본인 스스로의 선택이 불러온 당연하고도 불가피한 귀결"이라는 그의 말이 위에 소개된 파스칼의

분석과 정확히 맥을 같이 하기 때문입니다. 이러한 주장이 단지 그들 나름의 논리에만 입각한 것이라고 볼 수 없음은 "하나님을 모르는 자들과 우리 주 예수의 복음에 복종하지 않는 자들에게 형벌을 내리시리니 이런 자들은 주의 얼굴과 그의 힘의 영광을 떠나 영원한 멸망의 형벌을 받으리로다"라는 데살로니가후서 1장 8-9절의 말씀에서도 충분히 확인되는 사실이지요.

하지만 스스로 여호와를 버린 사람들에 대해 주어진 위의 경고들은 인간의 자유의지를 존중하시는 하나님의 입장에서 다른 선택이 존재치 않았음을 알려 주는 말씀일 뿐, 하나님이 그 누구도 예외 없이 당신을 찾고 만나기를 원하신다는 데에는 의심의 여지조차 있을 수 없습니다.

"나는 어둠의 땅 어딘가에서 비밀스럽게 말하지 않았다. 나는 야곱의 자손에게 '나를 찾아 봤자 헛수고다'라고 말하지 않았다"(우리말성경)라는 이사야 45장 19절은 물론, "이렇게 하신 것은 사람들이 하나님을 찾기를 바라시기 때문입니다. 사람들이 하나님을 더듬어 찾기만 하면 만날 수 있습니다"(우리말성경)라는 사도행전 17장 27절에서도 역시, 하나님은 당신을 구하고 찾는 사람에게 스스로를 드러내 보여 주시는 분이므로 주님을 찾으려는 노력은 결코 '헛수고'가 되지 않을 것임이 분명히 약속되어 있으니까요.

"지금이 곧 여호와를 찾을 때니"라는 호세아 10장 12절과 "만날 수 있을 때에 여호와를 찾으라. 가까이 계실 때 그를 부르라"(우리말성경)라는 이사야 55장 6절의 말씀처럼, 늘 우리 가까이에 계시면서 찾아지고 불리워지기를 기다리시는 하나님을 더 늦기 전에 찾고 부르라는 것은 성경에 수없이 반복, 기록되어 있는 명령입니다.

하나님을 찾는 일을 삶과 죽음을 가르는 관건으로 보며 "너희는 나를 찾으라 그러면 살 것이다"(우리말성경)라는 동일한 권고를 반복한 아모스 5장 4, 6절과 "내가 오늘 너희 앞에 생명과 번성, 죽음과 멸망을 두어 "(우리말성경)라고 선언하는 신명기 30장 15절(신 11:26-28; 렘 21:8) 등은 보다 강력한 어조로 우리의 경각심을 일깨우는 말씀이고 말이지요.

이 장에서 열거되었던 여러 성경의 구절들이 우리에게 전하고자 하는 핵심 메시지는 결국, "하나님을 찾고 구하는 일"이 우리의 삶과 죽음을 가를 중차대한 문제라는, 누구에게나 예외 없이 남겨진 선택의 과제일 것입니다.

11

주님께 소망을 두라

"희망"이나 "소망" 같은 단어를 들을 때 사람들이 머릿속에 처음 떠올리는 이미지가 무엇일지 가끔 궁금한 마음이 들곤 합니다. 어릴 적 장래 희망, 혹은 현재 기도하고 있는 간절한 소망이 가장 먼저 생각나는 분들도 있을 듯하고, "믿음, 소망, 사랑"이라는 '유명해진' 개념으로 기독교인들은 물론 일반 대중들에게도 친숙할 고린도전서 13장 13절이나 그에 못지 않게 잘 알려진 히브리서 11장 1절의 "믿음은 바라는 것들의 실상이요 보이지 않는 것들의 증거니"라는 말씀이 떠오르는 분들도 있지 않을까 추측해 봅니다.

성경 안에 "희망"이나 "소망"과 관련된 구절이 대다수 한국 기독교인들의 생각보다 훨씬 더 많으리라고 짐작되는 이유는, "주를 믿고 의지하는 사람은 복을 받을 것이다"(표준새번역), "주께서 비록 야곱의 집에서 얼굴을 돌리셔도, 나는 주님을 기다리겠다. 나는 주님을 의지하겠다"(표준새번역)라는 예레미야 17장 7절과 이사야 8장 17절, "내가 주를 바라오니 성실과 정직으로 나를 보호하소서", "오 여호와여, 우리가 주를 바라는 것처럼 주의 변함없는 사랑을 우리에게 베풀어 주십시오"(우리말성경)라고 하는 시편 25편 21절과 33편 22절 등처럼 한국어 성경에 "의지하다" 또는 "바라다"로 기록된 다수의 동사들이 사실은 "소망을 두다(put hope)"라는 말을 바꾸어 번역한 표현이기 때문입니다. 더욱이 예레미야 17장 7절을 "무릇 여호와를 의지하며(trust) 여호와를 의뢰하는(hope) 그 사람은 복을 받을 것이라"라고 의역한 "개역개정"과 "개역한글"의 경우에는 "소망하다"가 "의뢰하다"로, "신뢰하다"가 "의지하다"로 혼용된 모습까지 보여 주고 있습니다.

"나의 영혼아 잠잠히 하나님만 바라라 무릇 나의 소망이 그로부터 나오는도다"라며 다윗이 스스로를 교훈하는 시편 62편 5절을 위시하여, "주 여호와여 주는 나의 소망이시요 내가 어릴 때부터 신뢰한 이시라", "나는 내 희망을 언제나 주님께만 두고 주님을 더욱더 찬양하렵니다"(새번역)라는 고백이 기록된 시편 71편 5, 14절과 "나는 희망을 가지고 주님을 바라본다. 나를 구원하실 하나님을 기다린다"(표준새번역)라고 한 미가 7장 7절, 그리고 "여러분의 믿음과 소망은 하나님께 있습니다"(우리말성경)라 권면하는 베드로전서 1장 21절 등은 주님 안에서만 찾을 수 있는 희망과 소망의 모습, 그리고 하나님께 소망을 두는 사람이 지녀야 할 삶의 태도를 함께 예시하고 있는 구절들입니다.

또한, "우리 주 예수 그리스도와 우리를 사랑하시고 영원한 위로와 좋은 소망을 은혜로 주신 하나님 우리 아버지"로 주님을 묘사하는 데살로니가후서 2장 16절이나 "이를 위하여 우리가 수고하고 힘쓰는 것은 우리 소망을 살아 계신 하나님께 둠이니"라고 하는 디모데전서 4장 10절, "우리 영혼이 여호와를 바라고 기다립니다. 주는 우리 도움이시오, 우리 방패이십니다"(우리말성경)라며 찬양을 올리는 시편 33편 20절 등도 모두 주님 안에서 발견되는 소망 혹은 희망과 관련된 말씀들로 분류될 수 있을 것입니다.

   종교개혁을 주도한 마르틴 루터(Martin Luther)가 "주 안에 내 소망이 있으므로 티끌 같은 내가 내 일을 할 수 있사오니 나는 허황된 곳에 나를 세우지 않고 다만 주의 말씀과 진실한 믿음에 나를 세우나이다"라고 고백했던 것은, **말씀**을 통해 전달되는 하나님으로부터의 소망, 즉 "내 영혼이 지치도록 주의 구원을 사모하며, 내 희망을 모두 주의 말씀에 걸어 두었습니다"(표준새번역)라는 시편 119편 81절(43, 49, 74, 114, 147절)과 "내가 여호와를 바라고 내 영혼이 기다리며 여호와의 말씀에 소망을 두고 있습니다"(우리말성경)라고 한 시편 130편 5절, "무엇이든지 전에 기록한 것은, 우리에게 교훈을 주려고 한 것이며, 성경이 주는 인내와 위로로써, 우리로 하여금 소망을 가지게 하려고 한 것입니다"(새번역)라는 로마서 15장 4절의 주제와 같은 맥락의 간증이 아닐까 생각됩니다.

   더불어 "내 영혼아 네가 어찌하여 낙심하며 어찌하여 내 속에서 불안해 하는가 너는 하나님께 소망을 두라"라며 스스로를 격려하는 같은 구절이 반복된 시편 42편 5, 11절과 43편 5절, 그리고 "주는 내가 가진 모든 것, 그러하기에 주께 내 희망을 건다"(표준새번역), "주님, 이제, 내가 무엇을 바라겠습니까? 내 희망은 오직 주님뿐입니다"(표준새번역, 새번역)라 하여 자기 자신 안에서는 아무런 희망을 찾을 수 없음을 인정하면서 오직 주님께만 소망을 두겠다고 다짐하는 예레미야애가 3장 24절과 시편 39편 7절 등도 루터가 남긴 위의 고백과 연결해 살펴볼 만한 말씀들일 것입니다.

물론 우리 믿는 자들도 극복이 불가능해 보이는 큰 고난을 만나면 세상 사람들과 별반 다름 없이 절망과 낙심에 빠지고, 하나님의 존재조차 잊은 채 기도할 여력도 소진한 상태가 될 수 있습니다. 지레 겁을 먹고 좌절하여 '전의'를 상실하거나, 자기 힘으로 최선을 다해 보다가 어쩔 수 없어 포기하는 경우도 있을 것입니다.

하지만 지금까지 책의 내용을 통해 다루어 왔듯 우리 삶의 전쟁은 우리가 직접 담당하는 것이 아니며, 대신 나서 싸워 주시는 하나님은 우리의 연약함과 부족함을 통해 일하시는 분입니다. 늘 앞서 행하시고 항상 함께하시면서 우리를 잊지도 떠나지도 포기하지도 않는 하나님이 우리 편이시기에 우리에게는 언제나 소망이 있는 것입니다.

"여호와를 바라는 너희 모든 사람들아, 담대하라. 그분이 너희 마음을 강하게 하시리라"(우리말성경)라는 시편 31편 24절과 "오직 주를 소망으로 삼는 사람은 새 힘을 얻으리니, 독수리가 날개를 치며 솟아오르듯 올라갈 것이요, 뛰어도 지치지 않으며, 걸어도 피곤하지 않을 것이다"(새번역)라는 이사야 40장 31절의 약속을 글자 그대로 믿기만 한다면 말이지요.

그렇다고 기독교인들이 갖는 희망을 무조건 "잘 될 거야"라는 식의 낭만적 사고, 혹은 상황 판단 미숙과 현실 인식 부족이 빚어낸 낙관주의의 산물 정도로 볼 수는 없습니다.

세속적 사고인 낙관주의(optimism)와 그리스도인들이 갖는 희망(hope)의 근본적 차이를 비교하며, "낙관주의가 전혀 보장되지 않은 막연한 바람들의 집합인 반면, 기독교인들의 희망은 하나님이 보장해 주신 확실성의 소산이다. 다시 말해, 바라는 일들이 실제로 일어날지조차 알 수 없는 무지(ignorance)의 노출이 낙관주의라면, 하나님의 약속을 바탕으로 다가 올 최선의 미래를 매일, 매 순간 선포해야 한다는 지식(knowledge)의 표출이 곧 기독교인들이 품고 있는 희망인 것이다"라고 했던 제임스 패커(J. I. Packer)의 말은 우리가 갖는 소망의 의미와 근거에 대한 명확한 설명을 제시합니다.

이와 유사한 관점에서 "기독교인들의 희망은 한 가지 진실에 근거한다: 우리의 미래가 주님의 손 안에 있다는 사실 말이다"라고 한 프란치스코 교황(Pope Francis)의 제언 또한, 우리의 희망과 소망의 근거가 **하나님**과 그분께서 주신 **약속**의 신뢰임을 증거하고 있습니다.

사실상 "소망"이라는 어휘 자체가 신학적 의미에서 이해되어야 하는 개념으로, 기독교인들에게 있어서의 소망이란 하나님께서 주신 약속들 모두가 이미 **실현**되고 **완성**되어 있으며, 우리에게 남겨진 임무는 그 실현된 약속들이 존재하는 '땅'에 이를 때까지 하나님을 **신뢰**하며 **동행**하는 일뿐이라는 전제에 기반을 두는 것입니다. 그렇다고 이 임무가 말처럼 쉽고 간단한 일이 결코 아님은, "우리는 이 소망으로 구원을 얻었습니다. 눈에 보이는 소망은 소망이 아닙니다. 보이는 것을 누가 바라겠습니까?"(새번역)라는 로마서 8장 24절의 말씀처럼 영의 눈을 뜨고 보면 이미 실현된 약속이라 해도 우리의 육안으로는 도저히 감지할 수 없는 미지의 영역이기에, 소망을 잃지 않고 그 땅에 이르기 위해선 꾸준하고 변함 없는 믿음이 견지되어야 하기 때문입니다. 그런 의미에서 본다면 "여호와께서는 그분을 경외하는 사람들과 그 변함없는 사랑을 바라는 사람들을 기뻐하십니다"(우리말성경)라는 시편 147편 11절과 "믿음이 없이는 하나님을 기쁘게 해드릴 수 없습니다"(표준새번역, 새번역)라는 히브리서 11장 6절을 동일선상의 말씀으로 놓은 후 "희망(혹은 소망)"과 "믿음"을 동질의 개념으로 보아도 무방하지 않을까 생각되기도 합니다.

아마도 그렇기에 주님께 삶의 소망을 둔 이의 그 소망이 세상 사람들로부터도 수치나 조롱을 당하지 않으리라는 격려의 내용이 성경에 상당수 기록되어 있는 모양입니다.

"나를 바라는 자는 수치를 당하지 아니하리라"라는 이사야 49편 23절의 익숙한 말씀은 물론, "주께 소망을 둔 사람은 수치를 당하지 않겠고"(우리말성경), "그들이 주를 앙망하고 광채를 내었으니 그들의 얼굴은 부끄럽지 아니하리로다"라는 시편 25편 3절과 34편 5절, "소망이 우리를 부끄럽게 하지 아니함은 우리에게 주신 성령으로 말미암아 하나님의 사랑이 우리 마음에 부은 바 됨이니"라고 한 로마서 5장 5절 등을 모두 그에 해당하는 말씀으로 들 수 있겠지요.

그리고 이를 통해 마침내 하나님의 축복과 자비의 구원을 누리게 되리라는 약속 또한 "야곱의 하나님을 자기의 도움으로 삼으며 여호와 자기 하나님에게 자기의 소망을 두는 자는 복이 있도다", "여호와를 바라고 그의 도를 지키라 그리하면 네가 땅을 차지하게 하실 것이라"라며 축복하는 146편 5절과 37편 34절(시 37:9), "이스라엘은 여호와를 바라라. 변함없는 신실하심이 여호와께 있고 온전한 구원이 그분께 있도다"(우리말성경), "우리 구원의 하나님이시여 땅의 모든 끝과 먼 바다에 있는 자가 의지할 주께서 의를 따라 엄위하신 일로 우리에게 응답하시리이다"라고 선포하는 130편 7절(시 131:3)과 65편 5절 등, 시편의 이곳저곳에서 무수히 발견하게 됩니다.

"갇혀 있으나 소망을 품은 자들아 너희는 요새로 돌아올지니라 내가 오늘도 이르노라 내가 네게 갑절이나 갚을 것이다(Return to your stronghold, O prisoners of hope; today I declare that I will restore to you double; ESV)"라는 스가랴 9장 12절의 말씀에서는 두 가지 주목할 점이 – "Prisoners of Hope"라는 단어와 "갑절(Double)"이라는 개념이 – 눈에 띕니다. 물론 이 구절에서의 "prisoners of hope"는 "소망을 품은 채 갇혀 있는 자들"의 의미로 사용된 말이지만, 또 다른 면에서 보면 "소망에 **갇힌** 자들" 혹은 "소망에 **매인** 자들"이라는 뜻으로도 이해될 수 있는 어휘입니다.

더불어 "갑절로" 갚으시겠다는 약속을 통해, 극심한 환란 속에서도 하나님을 원망하지 않고 삶의 궁극적 소망을 주님께 둠으로써 마침내 이전보다 두 배의 축복을 얻게 된 욥(욥 42:10)과 꿋꿋하고도 일관된 믿음으로 스승인 엘리야보다 두 배의 영적 능력(성령의 역사)을 소망하고 결국 그것을 얻어 낸 엘리사(왕하 2:9) 같은 믿음의 선조들을 떠올리게 됩니다.

하나님께 두는 소망, 주님으로부터 오는 소망에 "갇히고" "매인" 사람들에게는 다른 무엇과도 비교할 수 없는 힘과 능력이 주어지는 만큼 "두 배"의 풍요, "두 배"의 영광, "두 배"의 승리도 함께 보장되는 것이겠지요.

"내 마음이 기쁘고 내 입술은 즐거워했으며 내 육체도 소망 속에 살 것입니다"(우리말성경)라는 사도행전 2장 26절(시 16:9)과, "소망의 하나님께서 여러분의 믿음 생활 가운데 모든 기쁨과 평강을 충만하게 하셔서"(우리말성경)라고 간구한 로마서 15장 13절, 그리고 "그것은 그리스도께 맨 먼저 소망을 둔 우리로 하여금, 하나님의 영광을 찬미하게 하시려는 것입니다"(표준새번역)라 선언하는 에베소서 1장 12절 등을 읽다 보면, 우리의 절망이 곧 하나님께로 향하는 소망의 통로이자 그 소망으로 인한 기쁨과 찬양의 시작일 수 있음을 깨닫게 됩니다.

"너희 마음의 허리를 동이고 근신하여 예수 그리스도의 나타나실 때에 너희에게 가져다 주실 은혜를 온전히 바랄지어다(put all your hope)"라는 베드로전서 1장 13절의 말씀처럼, 주님 오실 그날까지 '희망'의 끈을 놓지 않고 인내하며 근신하는 우리 모두가 될 수 있기를 마음을 다해 '소망'해 봅니다.

12

염려하지 말라

"걱정"이라는 주제와 관련해 "오늘의 양식"에 실린 글들 중 차마 웃어 넘길 수 없던 내용 하나가 가끔씩 기억납니다. 어떤 선교사가 자신의 기도 후원자들에게 보낼 감사 편지에 "기도의 용사들(warriors)이 되어 준 것에 감사한다"는 인사말을 쓰려다가 타자를 잘못 치는 바람에 "기도의 걱정하는 사람들(worriers)"이라고 상대를 지칭하게 되었다는 에피소드였지요. 언뜻 듣기에는 앞뒤 말에 전혀 연관성이 없다고 느껴질 호칭이지만 실제로 우리 중 많은 사람이 기도를 하는 동시에 걱정도 하는, "기도하며 걱정하는 사람들(prayer worriers)"이 아닐까 우려하게 됩니다.

"너희는 마음에 근심하지 말라. 하나님을 믿고 또 나를 믿으라"(우리말성경)라는 요한복음 14장 1절과 "너희는 마음에 근심하지도 말고 두려워하지도 말라"라는 같은 장 27절의 말씀을 통해 우리의 근심과 불안에 대해 강력하게 '규제'하고 계신 하나님은, "너희의 짐을 주님께 맡겨라. 주님이 너희를 붙들어 주실 것이니"(표준새번역, 새번역)라는 시편 55편 22절과 "수고하고 무거운 짐 진 자들아 다 내게로 오라"라고 하신 마태복음 11장 28절(시 81:6), "여러분의 모든 근심을 주께 맡기십시오. 주께서 여러분을 돌보십니다"(우리말성경)라는 베드로전서 5장 7절 등을 통해, 우리가 지고 있는 염려와 근심이라는 짐까지 대신 맡아 주실 것을 약속하고 계십니다.

"염려"에 대한 분석으로 널리 알려진 어니 젤린스키(Ernie J. Zelinski)의 『모르고 사는 즐거움』(The Joy of Not Knowing It All)이라는 책에는, 우리가 살면서 염려하는 문제의 40퍼센트는 현실에서 절대 일어나지 않을 일에 대한 기우(杞憂)이고 30퍼센트는 이미 일어나 버린 일을 두고 하는 무용한 근심이며, 22퍼센트는 그다지 문제되지 않을 사소한 일에 대한 심려인 한편 4퍼센트는 자신의 힘으로 도저히 어쩔 수 없는 일에 대한 무의미한 걱정인 만큼, 실제로 염려해야 마땅한 일은 결국 4%에 지나지 않는다는 내용이 포함되어 있습니다.

이 분석과 숫자들의 의미를 한 문장으로 요약한다면 "우리가 '끼고 사는' 염려의 96퍼센트는 사실 아무 쓸데없는 걱정"이라는 말이 되겠지요. 이 내용이 생각날 때 늘 머릿속에 함께 떠오르곤 하는 것은, 세상 걱정을 도맡은 듯 혼자 동분서주하면서 말씀만 '속 편히' 듣고 있는 동생 마리아를 비난하던 마르다에게 "네가 많은 일로 염려하고 근심하나 몇 가지만 하든지 혹은 한 가지만이라도 족하니라"라며 건네신 예수님의 훈계(눅 10:41-42)입니다.

이같이 어리석은 인간의 속성을 잘 알고 계시는 주님은 "너희 중 누가 걱정한다고 해서 자기 목숨을 조금이라도 더 연장할 수 있겠느냐?"(우리말성경)라는 마태복음 6장 27절(눅 12:25)이나 "너희가 가장 작은 일도 못하면서, 어찌하여 다른 일들을 걱정하느냐?"(표준새번역)라고 반문하신 누가복음 12장 26절 등의 말씀을 통해서 걱정과 염려의 부질없음을 일깨우고자 하십니다.

우리가 하는 여러 근심 가운데 하나님이 특별히 우려를 보이시는 문제는 역시 세상사와 관련된 근심일 것으로, 미국 내의 정교회 대주교였던 로이스터가 자신의 저서인 『하나님 나라』에서 "하나님 나라로 향하는 꿈을 가진 사람들의 앞길에 가장 큰 걸림돌이 되는 요소는 미래 준비와 자산 관리에 대한 염려"라고 했던 말 역시 동일한 문제 의식에 근거하고 있습니다.

복음서의 세 구절(마 13:22; 막 4:18-19; 눅 8:14)에 공통적으로 등장하며 잘 알려진 "가시덤불 가운데 떨어진 씨는 말씀은 들었지만 이 세상의 걱정과 돈의 유혹이 말씀을 막아 열매 맺지 못하는 사람이다"(우리말성경)라는 씨앗 비유와, 역시 복음서에 반복적으로(마 6:25, 31; 눅 12:22, 29) 기록된 주님의 "그러므로 내가 너희에게 이르노니 목숨을 위하여 무엇을 먹을까 무엇을 마실까 몸을 위하여 무엇을 입을까 염려하지 말라"라고 하신 권면은 물론, "너희는 스스로 조심해서, 방탕함과 술취함과 생활의 염려로 너희 마음이 짓눌리지 않게 하라"(우리말성경)라는 누가복음 21장 34절부터 "돈을 사랑함이 일만 악의 뿌리가 되나니 이것을 탐내는 자들은 미혹을 받아 믿음에서 떠나 많은 근심으로써 자기를 찔렀도다"라는 디모데전서 6장 10절에 이르기까지, 이 주제와 관련된 구절들을 성경 안에서 찾는 것은 그다지 어렵지 않은 일입니다.

하나님이 이처럼 걱정과 염려에 대해 다양한 말씀들로 경계하시는 이유는 – 물론 첫째로는 그것이 주님에 대한 불신의 방증이기 때문이겠지만 – 그러한 근심 걱정이 마음의 평화를 박탈하여 우리의 심리 상황을 불안 상태로 몰고 간다는 사실에 근거할 것이라고 짐작됩니다.

심리학적 측면에서 볼 때도 애초 불안에서 시작된 심리적 불균형은 불안 요인의 점진적 증가와 함께 공포심 발현의 심각한 증상으로까지 악화될 수 있다고 하며, 불면증에 시달리는 인구가 급증하면서 현대인들의 수면제 구입량이 꾸준히 증가하는 것도 같은 이유에 기인한다고 추정되니 말입니다.

걱정과 근심이 우리의 정신에 얼마나 나쁜 영향을 미치는지에 대해서는 "즐거운 마음은 얼굴을 밝게 하지만, 근심하는 마음은 심령을 상하게 한다"(표준새번역), "즐거운 마음은 병을 낫게 하지만, 근심하는 마음은 뼈를 말린다"(우리말성경)라는 말로 즐거운 마음과 근심하는 심정을 대조, 비교한 잠언 15장 13절, 17장 22절 등과 더불어, "하나님의 뜻대로 하는 근심은 구원에 이르는 회개를 가져오므로 후회할 것이 없습니다. 그러나 세상 근심은 죽음을 가져옵니다"(우리말성경)라며 영적 근심을 세상 근심과 대비시켜 설명하는 고린도후서 7장 10절 등에 의해서도 충분히 짐작되고 남음이 있습니다.

한편 "내일 일을 걱정하지 말라, 내일 일은 내일이 맡아서 걱정할 것이요"(우리말성경)라는 마태복음 6장 34절에서 당신의 자녀들이 앞날의 일까지 걱정하며 '마음 고생'하지 않기를 바라시는 주님의 긍휼을 실감하게 되는 것 만큼이나, "그들에게 잡혀 가더라도 무엇을 어떻게 말할까 걱정하지 말라. 그때에 너희가 말할 것을 일러 주실 것이다"(우리말성경)라며 성령의 도우심을 예고하는 마태복음 10장 19절(막 13:11; 눅 12:11)에서도 또한, 차후에 고난을 겪을 제자들이 미리부터 앞세울 걱정에 대해 안쓰러워 하시는 주님의 자비심은 고스란히 우리 마음에 전달됩니다.

하나님이 선물로 주신 삶이 염려로 점철되기에는 너무나 짧고 소중한 것임에도, 최악의 시나리오를 가정하며 근심을 자초하곤 하는 우리의 모습이 하나님의 눈에 무척이나 안타깝게 비춰지는 모양입니다.

C. S. 루이스도 자신의 책인 『스크루테이프의 편지』에서 "원수[하나님]가 인간의 마음에 접근하지 못하도록 바리케이드를 치기에는 불안과 걱정만큼 효과적인 게 없다. 원수는 인간들이 **현재** 하는 일에만 신경을 쓰기 바라지만, 우리[악마]의 임무는 **장차** 일어날 일을 끊임없이 생각하게 하는 것이지"라며 이러한 모순을 풍자적으로 설명하고 있습니다.

우리가 자신의 내부에 시선을 가둔 채 미래의 상황까지 미리 근심하고 염려하는 것은 사탄이 가장 기뻐할 일이지만, 영의 눈을 밖으로 향해 타인들을 배려하고 사랑하면서 현재의 삶을 즐기고 마음의 여유를 누리는 것은 하나님께서 가장 기뻐하실 일이겠지요.

한국의 찬송가 중 <기도할 수 있는데 왜 걱정하십니까>라는 제목의 곡이 있듯 영어권에도 <Why Worry When You Can Pray>라는 – 가사와 멜로디는 다르지만 제목은 신기하게도 같은 – 찬양곡이 있습니다. 이 찬양들의 제목이 떠올려 주는 "아무것도 염려하지 말고 오직 모든 일에 기도와 간구로 여러분이 구할 것을 하나님께 감사함으로 아뢰십시오"(우리말성경)라는 빌립보서 4장 6절의 권면과 같이, 우리의 관점으로 보면 걱정할 것 투성이인 삶의 현장이지만 무대 뒤에서 우리 대신 일하시고 또 싸워 주시는 하나님을 신뢰하며 염려와 두려움을 내려놓고 감사할 수 있다면, "그리하면 모든 생각을 뛰어넘는 하나님의 평강이 그리스도 예수 안에서 여러분의 마음과 생각을 지켜 주실 것입니다"(우리말성경)라는 7절의 이어지는 말씀처럼, 우리가 상상할 수도 없는 '수준'의 평강을 하나님이 허락하실 것이라고 성경은 약속합니다.

<내일 일은 난 몰라요>라는 제목으로 번안된 오래된 찬송가의 원제는 <내일을 주관하시는 분이 누구인지 나는 **압니다**>(I *Know* Who Holds Tomorrow)인데, 한국어 제목에서 느껴지는 "I *Don't Care* about Tomorrow"의 뉘앙스, 즉 부정적인 어감의 "모르겠다", "상관하지 않는다"라는 의미로서가 아니라 그와 정반대로 자신이 "잘 알고 있는" 사실을 부각하기 위한 제목일 것이라 여겨집니다.

내일 일을 걱정하지 않는 이유가 하나님의 말씀에 대해 잘 **알기 때문**(I don't worry o'er the future for I *know* what Jesus said)이며 또한 미래의 일을 다 아시는 하나님과 **동행**하고 있기 때문(today I'll *walk beside* Him for He knows what is ahead)이라 말하는 이 찬양의 가사처럼, "내일 일은 전혀 모르지만 그 내일이 어느 분의 손에 있는지는 정확히 압니다"라고 자신 있게 선포할 수 있는 우리가 된다면 얼마나 좋을까 간절한 마음으로 바라게 됩니다.

13

두려워하지 말라

　인간이 두려움과 공포감을 느끼는 대상이 무수히 많은 것 같지만, 사실 출생 시부터 선천적으로 가지고 태어나는 두려움은 높은 곳에서 아래를 볼 때 느끼는 공포와 극심한 소음에 노출되었을 때 느끼는 공포, 단 두 가지 밖에 없다는 – 그렇기에 그 외의 모든 두려움은 내재적인 것이 아니라 살면서 경험하는 외부 상황들에 의해 학습된 것이라는 – 연구 보고를 읽은 적이 있습니다. 이 주제와 관련된 이야기 중에도 "성경에 '두려워하지 말라'는 구절이 몇 번이나 나올까"라는 질문과 함께 인용되곤 하는 예화는 많은 기독교인들에게 이미 익숙한 내용일 것입니다.

　루마니아 공산 치하에서 목회를 하다가 체포, 감금되었던 리처드 범브란트(Richard Wurmbrand) 목사님이 장기간의 수감 생활에 지쳐 원망 섞인 기도를 드렸을 때 하나님께서 성경에 "두려워하지 말라"라는 말이 몇 번 기록되어 있는지 세어 볼 것을 명하셨고, 실제로 확인해 본 결과 365회임을 알게 되었다는 이야기 말이지요. 물론 제 나름대로 세어 본 숫자가 그보다 더 많기는 하지만, 결국 이 예화의 초점은 성경을 통해 "두려워하지 말라"고 전하시는 하나님의 격려가 하루도 빠짐없이 우리에게 주어지고 있다는 사실을 강조하는 데에 맞춰진 것이겠지요.

한국어 성경에서는 "두려워하지 말라"와 "겁내지 말라"로, 영어 성경에서는 "Fear not," "Do Not Fear," "Do not be afraid" 등으로 두려움에 대해 경고하는 말씀의 형태는 일정하지만, 하나님이 그 말씀을 주신 상황들은 각기 다를 뿐더러 동시에 무척 다양하기까지 합니다.

처음 당신의 백성을 만들고 세우시던 당시 "아브람"에게 "아브람아 두려워하지 말라 나는 네 방패요 너의 지극히 큰 상급이니라"라는 위로를 주셨던 것(창 15:1)을 시작으로, 흉년이 들어 블레셋으로 가게 된 이삭에게 "내가 너와 함께 있으니 두려워하지 마라. 내가 내 종 아브라함을 위해 네게 복을 주고 네 자손이 번성하게 하겠다"(우리말성경)라고 약속하셨던(창 26:24) 하나님이, 이스라엘 민족이 이후의 전쟁에 대비하도록 모세를 통해 내리신 명령(신 20:3)에서는 "마음에 겁내지 말며 두려워하지 말며 떨지 말며 그들로 말미암아 놀라지 말라"라고 네 가지의 다른 표현을 사용하면서까지 강력히 권고하고 계시다는 사실이 이를 방증해 줍니다.

게다가 "두려워하지 말라"라는 말씀이 특히 많이 등장하는 구약의 두 책, 신명기와 여호수아를 합해 보면 이러한 격려가 스무 번 가까이 반복되어 있기도 합니다.

하나님이 성경을 통해 하루에 한 번씩 두려워하지 말라는 말씀을 주셨다면 우리가 삶에서 겪는 여러 경우 중 두려워하지 말라는 당부가 해당되지 않는 상황은 단 하나도 없다고 할 수 있을 텐데, 그 가운데에도 가장 핵심이라고 할, **구원**에의 약속과 함께 두려워하지 말 것을 격려하신 말씀으로는 "이스라엘아 놀라지 말라 내가 너를 먼 곳으로부터 구원하고 네 자손을 잡혀가 있는 땅에서 구원하리니"라는 예레미야 30장 10절과 "굳세어라, 두려워하지 말라, 보라 너희 하나님이 오사 보복하시며 갚아 주실 것이라 하나님이 오사 너희를 구하시리라"라고 하는 이사야 35장 4절, 주의 천사와 대면한 후 두려움에 떨고 있는 기드온에게 "안심하여라! 두려워하지 마라. 너는 죽지 않을 것이다"(우리말성경)라며 안도하게 하신 사사기 6장 23절 등을 대표적 구절로 예시할 수 있겠습니다.

시작 부분에서 언급했듯 출생 당시에는 극소수의 상황에만 반응하다가 성장과 더불어 계속 증가하는 공포감의 대상은 성인이 되면 600여 가지에 이를 수 있다는 것이 심리학자들의 분석으로, 이러한 여러 종류의 두려움 중에도 가장 보편적이고 일반적인 것을 꼽는다면 역시 "알 수 없는 미래에 대한 두려움"으로 귀착되지 않을까 생각합니다.

누구나 느끼는 통상적 두려움으로 분류되는, 사랑하는 사람이나 아끼는 무언가를 잃게 될 것에 대한 두려움(상실의 공포), 간절히 원하는 바를 이루지 못할 경우에 대한 두려움(실패의 공포), 타인들로부터 거부당할 상황에 대한 두려움(거절의 공포), 예측할 수 없는 막연한 앞일로 인해 갖게 되는 두려움(미지에의 공포) 등의 공통점을 "자신이 예견할 수도, 통제할 수도 없는(uncontrolable) 불투명한 미래에 대한 두려움"이라는 말로 요약할 수 있을 테니 말입니다.

세상 사람들이 신문 지면의 "오늘의 운세"란을 확인하는 것으로 하루를 시작하고, 그 해의 운수를 점치면서 한 해를 맞으며, 결혼이

나 취업 같은 큰일을 앞두곤 사주나 관상, 궁합 등을 물으러 다니는 것도 바로 그런 이유 때문이겠지요.

하지만 '완벽한' 무력함에 근거한 인간의 이 같은 보편성에도 불구하고, 모든 상황과 시기를 통제하시는 하나님에의 신뢰가 확고한 사람에게는 그런 식의 일반화가 적용될 수 없습니다.

예수님은 마태복음 10장 29-31절과 누가복음 12장 6-7절에서 "참새"의 '판매 가격'과 우리의 "머리카락" 수를 언급하며 두려워하지 말 것을 권면하고 계시는데, 이는 별 값어치 없는 참새의 목숨이나 아무도 신경 쓰지 않을 머리카락 수까지 관장하시는 하나님이 사랑으로 창조하셔서 품에서 놓지 않는 우리를 얼마나 각별히 유념하며 돌보실 것인지에 대해 비교와 비유의 기법으로 실감나게 설명하신 방식입니다.

참새 두 마리를 한 앗사리온(마 10:29), 참새 다섯 마리를 두 앗사리온(눅 12:6)으로 기록한 성경의 내용을 토대로, 당시 노동자의 하루 품삯이라는 한 데나리온과 16분의 1 데나리온에 해당하는 한 앗사리온을 비교해 계산하면 참새 한 마리는 오늘날의 금액으로 대략 1,500-2,000원 정도의 가격이 되는 한편, 사람의 머리카락 숫자는 – 헤아릴 수 있다고 가정할 경우 – 약 10만 개 정도로 추산된다고 합니다. 그런 만큼 이런 작고 세심한 부분까지 일일이 관여하시는 하나님께서 그토록 귀히 여기시는 우리를 위해 얼마나 마음을 쓰고 계실지는 충분히 짐작되고도 남는 일이지요.

"내가 주께 부르짖을 때에, 주께서 내게 가까이 오셔서 두려워하지 말라고 격려하셨습니다"(표준새번역)라는 예레미야애가 3장 57절과 "내가 여호와를 찾으니 그분이 내게 응답하셨고 내 모든 두려움에서 나를 건져 내셨습니다"(우리말성경)라는 시편 34편 4절이 시사하는 것처럼, 알 수 없는 미래 앞에서 두려움에 떠는 자신을 토닥여 주시는 하나님 덕분에 "내가 하나님을 의지하고 그 말씀을 찬양하니 두려울 게 없습니다"(우리말성경)라는 시편 56편 4절의 대담한 선포가 가능했을 것입니다. 그 누구보다, 또 그 어느 때보다 큰 두려움을 느껴 마땅할 개인적, 역사적 상황에 놓였던 다윗왕과 예레미야 선지자가 이같이 생생한 믿음의 간증을 할 수 있었다면, 오늘을 사는 우리라고 해서 믿음에 근거한 동일한 선포를 하지 못할 이유는 없지 않을까 생각합니다.

감리교의 창시자인 존 웨슬리(John Wesley)는 "나는 두려움에서 오는 불안감에 15분 이상 붙잡혀 본 적이 없다. 두려운 감정이 나를 사로잡을 때마다 조용히 눈을 감고 지금 이 순간도 왕좌에 앉아 만물을 통치하고 계신 하나님께 감사를 올린다. 그러면 내 삶의 모든 영역을 통치하시는 하나님으로 인해 곧 평안을 되찾게 된다"라는 간증을 남겼습니다.

"두려움이 온통 나를 휩싸는 날에도, 나는 오히려 주님을 의지합니다"(표준새번역, 새번역), "하나님께서 제게 구원이시니 제가 믿고 두려워하지 않겠습니다"(우리말성경)라는 시편 56편 3절과 이사야 12장 2절의 말씀에서 보듯, 문제보다 훨씬 크신 하나님께 의지하며 불안과 두려움을 극복하는 일은 문제 당사자의 개인적 용기나 담대함 때문에 가능한 것이 아닙니다.

매 순간 급변하는 삶의 현실 속에도 어제나 오늘이나 변함없이 신실하신 – 그리고 만유의 통치자이신 – 하나님을 더욱 **신뢰**함으로써 평정심과 평상심을 유지할 수 있는 것이니까요.

더불어 "하나님이 우리에게 주신 것은 두려워하는 마음이 아니요 오직 능력과 사랑과 절제하는 마음이니"라는 디모데후서 1장 7절(롬 8:15)과 "사랑 안에 두려움이 없고 온전한 사랑이 두려움을 내어 쫓나니"라 선언하는 요한일서 4장 18절, "하나님이 사랑하는 사람아, 두려워하지 말아라. 평안하여라"(표준새번역, 새번역)라고 위로하는 다니엘 10장 19절과 같이, 우리에 대한 하나님의 **사랑**과 그분에 대한 우리의 사랑이 두려움을 물리치는 힘임을 알려 주는 말씀들 덕분에, 다시 용기를 되찾고 마음을 추스리며 일어서게 됩니다.

"아무리 많은 바닷물이라도 배 안에 물이 차지 않는 한 그 배를 침몰시킬 수 없다. 세상의 어떠한 어려움도 우리 내면에 침투하지 않는 한 우리를 해칠 수 없다"라는 유진 피터슨(Eugene H. Peterson)의 일성은 본 주제와 관련한 깊은 숙고를 불러옵니다. 큰 푹풍에 겁을 먹고 당신을 깨우는 제자들에게 "왜 그렇게 무서워하느냐? 믿음이 적은 사람들아!"(우리말성경)라고 하셨던 주님의 책망(마 8:26)과, 바람을 보고 두려움을 느껴 물에 빠지기 시작한 베드로에게 "믿음이 적은 사람아, 왜 의심하였느냐?"(표준새번역, 새번역)라며 건네신 꾸지람(마 14:31)을 생각할 때, 우리가 두려움을 느끼게 되는 – 또한 그로 인해 주님을 실망시키는 – 가장 큰 원인은 결국 믿음의 부족입니다.

목사이자 작가인 크레이그 그로쉘(Craig Groeschel)의 "두려움에 눈을 감고 하나님을 신뢰하기로 결단하면 당신과 두려움 사이에 **하나님**께서 들어서 주시지만, 눈앞의 두려움에 시선을 두고 그것만을 주목한다면 당신과 하나님 사이를 **두려움**이 가로막게 될 것이다"라는 말도 이 사실을 뒷받침하고 있습니다.

운동 경기의 재방송을 시청하는 사람이 생방송을 관람하는 이들보다 훨씬 여유롭게 경기를 즐기게 된다는 흥미로운 분석은, 경기의 끝, 즉 결과를 이미 알고 있는 경우 불안함이나 긴장감 없이 편안하게 디테일을 즐길 수 있다는 사실을 그 이유로 들고 있습니다.

미국의 한 대학교에서 실시한 연구 또한 영화나 소설의 마지막을 미리 들어 알고 있을 경우 그렇지 않은 때보다 훨씬 큰 재미를 느끼며 작품을 즐기게 된다는 결과를 제시한 일이 있는데, 이는 대다수 사람들이 스포일러를 싫어하고 전체 내용을 사전에 알고 싶어 하지 않으리라 여기는 일반적 통념과 완전히 배치되는 증거들입니다.

이러한 연구 결과들에 근거해 본다면, 우리 삶의 스토리를 이미 완성해 놓으신 위대하고 완벽한 '작가'로서 그 처음과 끝을 정확히 알고 계신 주님이 왕 되시는 우리의 삶은, 그렇지 않은 사람들의 것에 비해 훨씬 여유롭고 '재미' 있어야 마땅하지 않을까요?

두려움이라는 감정이 후천적 학습을 통해 습득된 것이라면 그것을 극복하는 방법 또한 다른 종류의 **학습**을 통해 – 말씀에 의지하여 두려움을 파쇄하는 연습을 통해 – 분명 **습득** 가능할 것입니다. 전능하신 하나님에 대해 보다 정확히 알고 더 큰 신뢰를 보낼수록 세상에 대한 두려움은 그만큼 감소된다는 사실을 기억하며, 오늘을 사는 우리에게도 "안심하라. 나다. 두려워하지 말라"(우리말성경)라고 격려하시는(마 14:27) 주님을 온전히 신뢰하기로 결단한다면, 매일의 삶에서 마주하는 여러 종류의 두려움들도 여리고 성 무너지듯 우리 눈앞에서 무너져 내리리라 확신합니다.

14

사람에게 의지하지 말라

한 가정의 구성원들이 공유하는 정체성, 즉 "가족 정체성"이라는 주제를 연구하면서 『가족: 인류 구원을 위한 하나님의 계획』(*Family: God's Plan for the Salvation of All Mankind*)이라는 책을 저술한 그렉 건(Greg Gunn)에 따르면, 가족 정체성이 낮은 가정에서 자란 청소년들이 또래 압력(peer pressure: 동년배 집단 내에서 그 주류 풍조나 의견에 따르도록 요구 받는 압박감)을 심하게 느끼는 것과 달리, 가족 정체성이 공고한 가정의 청소년들은 또래 집단에의 의존성이 현격히 감소함으로 그 같은 심리적 압력에서도 훨씬 자유로워진다고 합니다.

자신이 속한 가정 내 일원으로서의 정체성이 자녀들의 마음 안에 확고히 자리 잡으면 그에 비례하는 강한 결집력이 가족 내부에 확립된다는 결과를 보여 주는 이러한 연구는, "하나님과의 **친밀감**을 통한 자기 정체성의 견고도나 신앙 공동체 내에서 느끼는 **결속력**의 강도가 우리의 타인 의존도에 직접적 영향을 미친다"는 전제를 입증하는 데에도 충분히 적용될 만한 자료일 것입니다.

사람을 의지하는 일의 해악은 성경에서도 다양한 표현을 통해 경고하고 있는 문제로, "여호와를 믿는 것이 사람을 의지하는 것보다 낫고 여호와를 믿는 것이 통치자들을 의지하는 것보다 낫습니다"(우리말성경)라는 시편 118편 8-9절이나 "우리를 도와 대적을 치게 하소서 사람의 구원은 헛됨이니이다"라는 동일한 기도가 반복된 시편 60편 11절과 108편 12절, "무릇 사람을 믿으며 육신으로 그의 힘을 삼고 마음이 여호와에게서 떠난 그 사람은 저주를 받을 것이라"라며 경종을 울리는 예레미야 17장 5절 등이 모두 사람에 대한 의존을 강력하게 – 저주 받을 행위로까지 정죄하면서 – 엄금하고 있는 말씀들입니다.

"너희는 사람을 의지하지 말아라. 그의 숨이 코에 달려 있으니, 수에 셈할 가치가 어디에 있느냐?"(표준새번역, 새번역)라는 이사야 2장 22절과 "너희는 힘있는 고관을 의지하지 말며, 구원할 능력이 없는 사람을 의지하지 말아라. 사람은 숨 한 번 끊어지면 흙으로 돌아가니, 그가 세운 모든 계획이 바로 그 날로 다 사라지고 만다"(표준새번역, 새번역)라고 한 시편 146편 3-4절의 말씀을 묵상해 보면, 하나님이 사람끼리 서로 믿고 의지하는 일을 엄격히 금하시는 첫 번째의 이유가, **유한**하고 **연약**하며 목숨이 호흡 하나에 달린 같은 인간에 대한 의존심이 지극히 어리석은 심상이기 때문임을 깨달을 수 있습니다.

이런 사실을 잘 알던 주님의 충성된 종들은, 자신을 추앙하고 떠받들려는 사람들을 만날 때마다 한갓 인간에 불과한 본연의 실체를 환기시키면서, 잘못된 그들의 '과대평가'에 경종을 울리곤 했습니다. 성전 미문에서 다리 불편한 이를 일으켜 세우자 갑자기 자신들에게 몰려드는 군중들을 향해 "우리 자신의 능력과 경건으로 이 사람을 걷게 한 것처럼 왜 우리를 주목합니까?"(우리말성경)라며 던졌던 힐문(행 3:12)과 가이사랴의 고넬료 집을 방문했을 때 자신의 발 앞에 엎드리는 사람들을 극구 만류함으로써 "베드로가 일으켜 이르되 일어서라 나도 사람이라 하고"라는 기록을 남기게 된 베드로의 현명한 처신(행 10:26), 그리고 루스드라의 전도 여행에서 발 못 쓰는 병자를 치유해 준 후 마치 신이라도 되듯 자신들을 경배하려는 사람들을 저지하며 "여러분, 어찌하여 이런 일들을 하십니까? 우리는 여러분과 똑같은 성정을 가진 사람입니다"(표준새번역, 새번역)라고 했던 사도 바울과 바나바의 언행(행 14:15) 등이 바로 그에 해당하는 사례입니다.

하나님이 다른 사람에게 의존하는 행위를 경계하시는 두 번째의 이유는, "눈먼 사람이 눈먼 사람을 인도할 수 있느냐? 그러면 둘 다 구덩이에 빠지지 않겠느냐?"(우리말성경)라는 누가복음 6장 39절(마 15:14)의 반문이 알려 주듯, 피차 **무지**하고 **무력**한 인간들끼리 의지하고 도움을 구하는 일이 너무나 위험한 행태이기 때문입니다.

장로, 고관, 예언자 등 소위 지도자라는 이들의 그릇된 인도를 보며 "백성을 인도하는 자가 그들을 미혹하니 인도를 받는 자들이 멸망을 당하는도다"라고 주님이 한탄하신 이사야 9장 16절은, 완벽하신 하나님의 지도에 대해 소개하고 있는 같은 책 42장 16절의 "내가 눈먼 사람들을 그들이 모르는 길로 이끌고 그들이 다녀 보지 않은 길로 걷게 하겠다. 내가 그들 앞에서 어둠을 빛으로 바꾸고 굽은 곳을 바르게 만들겠다"(우리말성경)라는 희망의 약속과 정확하게 대비되는 구절입니다.

사무엘상 14장 1-14절에 기록된 기사 중에는 무기 든 소년과 단 둘이 블레셋을 공격하러 나선 요나단이 아버지인 사울에게 그 일을 미리 알리거나 도움을 청하지 않았던 사실이 주목을 끕니다.

자신의 부하들이 하루 종일 음식을 입에 대지 못하도록 금할 만큼 어리석은 '전략'을 편 사울의 당일 행적을 보면, 실제로 요나단이 사울에게 자신의 계획을 알렸을 경우 성경에 증거된 그날의 승리는 존재하지 않았을 가능성이 높습니다.

가족이나 이웃들을 무시해도 좋다고 가르치는 것이 아닌 이 말씀을 통해 우리가 깨달을 수 있는 사실은, 하나님의 영이 함께하지 않는 사람들과의 불필요한 교감은 부정적인 결과로 연결될, 현명하지 못한 행위일 수도 있다는 점입니다.

살아가며 직면하게 되는 다양한 결정 상황에서 하나님의 명령보다 주위 사람들의 경험과 조언에 더 의존하다 보면 하나님이 지시하신 일에 대한 순종을 두고 망설이게 되기 십상이겠지요.

이렇게 연약하고 무지한 사람들 사이의 의존을 하나님이 막으시는 세 번째 이유는 인간이 본질적으로 **악한 존재**라는 사실에 근거하고 있습니다.

"너희는 각각 친구들을 조심하고 어떤 형제도 믿지 말라. 형제가 모두 속이며 친구가 모두 중상모략하며 다닌다"(우리말성경), "네 형제와 아버지의 집이라도 너를 속이며 네 뒤에서 크게 외치나니 그들이 네게 좋은 말을 할지라도 너는 믿지 말지니라"라며 사람을 신뢰하는 일을 근본적으로 금한 예레미야 9장 4절과 12장 6절은 물론, "너희의 부모와 형제와 친척과 친구들까지도 너희를 넘겨 줄 것이요, 너희 가운데서 더러는 죽일 것이다"(표준새번역, 새번역)라는 누가복음 21장 16절, "이웃을 믿지 말며 친구를 신뢰하지 마라… 자기 집안사람들이 자기 원수가 될 것이다"(우리말성경)라고 경고한 미가 7장 5-6절(마 10:35-36; 눅 12:53) 등이 모두 사람끼리 지나치게 믿고 의지해선 안 되는 이유인 인간의 사악함에 대해 지적하고 있듯 말입니다.

사실 인간은 그 자체로선 전혀 희망이 없는 – 심하게 말하면 '가망'이 없는 – 존재입니다. "희망 없는"이라는 형용사를 그대로 영역하면 "*hopeless*"가 되겠지만, 인간 존재의 철저한 무력함을 표현하는 데에는 "*helpless*"라는 단어가 보다 적절하다는 것이 저의 평소 생각인데, 사전에는 "속수무책인", "백계무책(百計無策)인" 등으로 번역되어 있으나 정확하게 대응시킬 한국어 표현이 없어 늘 안타깝기만 한 이 "helpless"라는 어휘는 개인적으로도 거듭난 이후 제가 무척 좋아하게 된 단어입니다. 하나님을 인격적으로 만나기 전과는 달리 인간의 숙명이라 할 "helplessness"라는 속성이 도리어 큰 축복과 감사의 원천으로 느껴지게 된 결과이지요.

이 주제와 관련된 노랫말을 가진 <주님의 어깨>(Shoulders)라는 제목의 찬양에서, "You[God] carry my weakness, my sickness, my brokenness, all on Your shoulders"라는 감동적 구절에 나열된 인간의 weakness(나약함, 취약성), sickness(추악함, 역겨움), brokenness(깨어짐, 부서짐)를 모두 아우른다고 할 이 "helplessness"는, 주님 앞에 설 때마다 맞닥뜨리게 되는 제 자신의 '본모습'을 가장 잘 대변해 주는 개념이기도 합니다.

성경의 여러 책들 중에서도 특히 역사서와 선지서 안에서 외세의 힘에 의지하려는 이스라엘에 주시는 하나님의 경고를 빈번히 발견하게 되지만, "애굽은 사람이요 신이 아니며 그 말들은 육체요 영이 아니라"라는 이사야 31장 3절과 "이제 네가 저 상한 갈대 지팡이 애굽을 의뢰하도다 사람이 그것을 의지하면 그 손에 찔려 들어갈지라"라는 열왕기하 18장 21절(사 36:6), 그리고 "네가 앗시리아로 인해 수치를 당했던 것처럼 이집트로 인해서도 수치를 당할 것이다… 이는 네가 신뢰하던 사람들을 여호와가 거부해서 네가 그들로 인해 번성하지 못할 것이기 때문이다"(우리말성경)라고 하신 예레미야 2장 36-37절 등은 남유다가 강한 집착을 보였던 이집트에의 의존을 특별히 나무라시는 질책의 말씀입니다.

하나님이 이집트에 대한 의존심을 이토록 강하게 꾸짖으시는 것은 우상 숭배국인 이방과의 교류에 부수될 문화적, 종교적 파장 때문이기도 하지만, 그와 더불어 하나님께서는 묻지도 구하지도 않고 인간에 불과한 이집트의 파라오와 그 병력에 지나치게 의지하면서 신의 없이 행동하는 태도를 책망하시기 위함이기도 합니다.

"너희가 나에게 물어 보지도 않고, 이집트로 내려가서, 바로의 보호를 받아 피신하려 하고, 이집트의 그늘에 숨으려 하는구나"(표준새번역, 새번역)라는 이사야 30장 2절과 "도움을 청하러 이집트로 내려가는 자들에게 재앙이 닥칠 것이다. 그들은 군마를 의지하고, 많은 병거를 믿고 기마병의 막강한 힘을 믿으면서, 이스라엘의 거룩하신 분은 바라보지도 않고, 주께 구하지도 않는다"(표준새번역, 새번역)라는 같은 책 31장 1절의 내용에서도 이를 확인할 수 있습니다. 특히 아하스왕 당시 앗시리아와의 화친을 통해 그들을 불러들였던 이스라엘이 이제는 이집트와 결탁해 앗시리아를 척결하려는 행위를 두고 "죄에 죄를 더하는"(사 30:1) 일로 규정하며 나무라고 계시지요.

사무엘하 24장과 역대상 21장에 기록된 이스라엘과 유다의 인구조사에 관한 기사를 읽다 보면 다윗이 그 일을 명령한 것이 왜 그렇게 큰 죄악으로 간주되어 하나님에게서 엄한 징벌까지 받아야 했는지 의아한 생각이 들 수도 있을 것입니다.

하지만, "단에서부터 브엘세바까지 이스라엘 지파들을 두루 다니며 인구를 조사해라. 얼마나 되는지 알아야겠다"(우리말성경)라는 다윗의 명령(삼하 24:2)과 "내 주께서 왜 이렇게 하기를 원하십니까? 왜 이스라엘이 죄를 지어 벌 받게 하십니까?"(우리말성경)라던 요압의 반문(대상 21:3)을 살펴보면, 사울과 압살롬에게 쫓기면서 고난의 시간을 보낼 때만 해도 그토록 철저히 하나님에게 의지하던 다윗이, 국력과 왕권이 점차 견고해지면서 스스로의 무력함과 연약함을 잊은 채 자신과 국가의 미래를 사람의 숫자(병력)에 의존하게 되었음을 가감 없이 드러낸 것이 바로 이 사건이었다는 사실을 깨닫게 됩니다.

그런 만큼 이때 내리신 하나님의 꾸중을 이해하기 위해서 사사기 6-8장의 기드온 이야기에서 32,000명이던 병력을 300명으로 줄이도록 하셨던 하나님의 명령과 같은 관점으로 접근함이 적절할 것입니다.

저 자신의 help*less*ness를 제가 그토록 기뻐하고 '자랑스럽게' 여기는 이유는, 그런 연약함이 곧 하나님의 help*ful*ness(크게 도움이 됨, 기꺼이 도와줌)로의 직접적 연결점이기 때문입니다.

애초에 인간은 자체적으로 보유 가능한 육체적, 정신적, 물질적 '자원'에 한계가 있는 존재이므로 – 공급원 없이 저절로 샘솟듯 생성되는 자원이란 있을 수 없기에 – "시냇가에 심기운 나무"(시 1:3)와 같이 "시내"이신 하나님의 공급을 통해서만 생존이 지속될 수 있습니다. 인간이 그 자체로는 희망 없는 존재라고, 하지만 그 숙명적인 helplessness가 오히려 감사와 축복의 원천일 수 있다고 앞에서 말했던 이유가 바로 그것이기도 합니다.

스스로는 결코 자신을 도울 수 없는 철저한 무기력과 무능력에도 불구하고, 성령의 권능을 통해 끊임없이 공급하고 충전해 주시는 하나님의 helpfulness 덕분에 오늘도 우리가 "그 잎이 시들지 않고, 철을 따라 열매 맺으며, 모든 일이 다 형통한" 삶을 누릴 수 있는 것이지요. 하나님께 계속 젖줄을 대고 있어야만 실질적 생존이 가능하다는 엄연한 사실이 그분을 모르는 이들에게는 거부하고 싶은 달갑지 않은 소식(bad news)이겠지만, 자신의 나약함, 추악함, 깨어짐을 인정하며 매 순간 주님의 채워 주심을 감사로 받아 누리는 사람에게는 진정한 복음(Good News)으로 불리어 마땅할 은혜입니다.

<천부여 의지 없어서>라는 오래된 찬송가에는 "천부여 **의지 없어서** 손들고 옵니다(Father, I stretch my hands to Thee; *No other help* I know)"라는 1절의 가사에 이어, "나 예수 **의지하므로** 큰 권능 받아서(O Jesus, could I this believe; I now should feel Thy power), 주 앞에 구한 모든 것 늘 **얻겠습니다**(And all my wants Thou wouldst relieve; In this accepted hour)"라는 3절의 노랫말이 뒤따릅니다.

우리의 철저한 무력함과 그 사실에 대한 인정에는 하나님의 도움이 반드시 따라옴을 증언하는 이 찬양이 알려 주듯 주님으로부터의 확고하고 든든한 뒷받침을 이미 약속 받은 우리가, 그분의 은혜 없이는 연약하고 무지하고 악하기까지 한 서로에게 의지하려고 애를 써야 할 이유가 과연 있겠습니까?

15

자신의 지혜에 의지하지 말라

이제는 벌써 오래전 이야기가 되었지만 한국의 대표적 지성으로 불리는 이어령 박사가 개신교에서 세례를 받았던 '사건'이 기독교계뿐 아니라 한국 사회 전반에서 큰 관심거리가 된 적이 있습니다.

평생 하나님의 존재를 인정하지 않았던 분이 그 같은 결심을 하게 된 본질적 이유야 하나님과 그분만 알고 있겠지만, 자신의 사랑하는 딸에게 닥친 여러 난관 앞에서 아무런 도움도 될 수 없는 스스로의 무력함에 대한 절감이 – 앞 장에서 언급된 helplessness에 대한 깨달음이 – 결정적 동기가 되었다는 사실만은 언론과의 인터뷰를 통해서도 이미 밝혀진 바 있습니다.

본 주제와 가장 밀접히 연관될 3장 5절과 7절의 "너는 마음을 다하여 여호와를 의뢰하고 네 명철을 의지하지 말라", "스스로 지혜롭다고 여기지 말고, 주님을 경외하며 악을 멀리하여라"(표준새번역, 새번역)라는 익히 알려진 말씀을 위시하여 "어떤 지혜나 깨달음, 계획도 여호와께 대항할 수 없다"(우리말성경)라는 21장 30절과 같이, 지혜와 명철이라는 인간의 지적 측면도 전관하시는 하나님을 경외하며 그 앞에 겸비할 것을 지시하는 묵직한 조언은 잠언에서 특히 많이 발견하게 되는 교훈입니다.

두 절(25, 26절)의 순서를 바꾸어 적어 보면 "자기의 생각만을 신뢰하는 사람은 미련한 사람이지만"(표준새번역, 새번역), "주를 의뢰하는 사람은 풍성함을 누린다"(표준새번역)라는 말로 내용이 연결되는 28장 역시 마찬가지의 경우라 하겠지요.

어느 누구 못지 않은 학식과 지혜를 자부했던(전 1:16) 솔로몬이 마침내 도달한 결론인 "사람의 걸음은 여호와로 말미암나니 사람이 어찌 자기의 길을 알 수 있으랴"라는 잠언 20장 24절의 반문은, "이 모든 것을 내가 지혜로 시험해 보고는 '내가 지혜로워지기로 결심했다'고 했으나 그것은 내 능력 밖이었다. 지혜라는 것이 그토록 멀고 길이를 알 수 없이 심오하니 누가 그것을 알겠는가?"(우리말성경)라고 한 전도서 7장 23-24절과 "나는 하나님께서 하시는 모든 일, 곧 해 아래에서 일어나는 일들을 사람이 알 수 없다는 것을 알았다. 아무리 애써도 사람은 알 수 없다. 지혜로운 사람이 자기는 안다고 주장해도 실은 그도 그것을 알 능력이 없는 것이다"(우리말성경)라는 같은 책 8장 17절의 내용에 의해 그 주장의 이유까지 구체적으로 설명되고 있습니다.

세상의 모든 부귀와 영화를 누려 보았다고 자처했던(전 2:7-10) 솔로몬왕의 교훈서로 알려졌음에도 "전도자가 이르되 헛되고 헛되며 헛되고 헛되니 모든 것이 헛되도다"라는 1장 2절과 "전도자가 이르되 헛되고 헛되도다 모든 것이 헛되도다"라 탄식하는 12장 2절이 보여주듯 "모든 것이 헛되다"는 말로 시작하고 끝맺는 책이라 해도 과언이 아닐 전도서에는 "헛되다"라는 표현을 포함한 구절이 30개 가까이나 되는데, "해 아래에서 수고하는 모든 수고가 사람에게 무엇이 유익한가", "내가 해 아래서 행하는 모든 일을 본즉 다 헛되어 바람을 잡으려는 것이로다"라는 1장 3절과 14절, "내 손이 한 모든 일과 내가 이루려고 그토록 노력한 것을 살펴보니 모든 것이 허무하고 뜬구름 잡는 일이었다"(우리말성경)라고 한 2장 11절 등은, "바람"이나 "뜬구름" 같은 구체적 매개체의 '활용'으로 당시의 솔로몬이 절감했던 인간적 노력의 덧없음과 무익함을 지금의 우리도 생생하게 느끼도록 해 주는 말씀들입니다.

젠센 프랭클린의 『영적 분별력』이라는 책에 적힌, "인도함을 받고 가는 것과 내 마음 내키는 대로 마구 내달리는 것은 전혀 다르다. 하나님의 음성을 듣지 않으면, 무서운 속도로 달리긴 하지만 아무런 성과도 없이 하릴없이 땀만 흘리는 자신을 발견하게 될 것이다"라는 구절을 읽다 보면, "주께서 집을 세우지 아니하시면 집을 세우는 사람의 수고가 헛되며, 주께서 성을 지키지 아니하시면 파수꾼의 깨어 있음이 헛된 일이다"(표준새번역, 새번역)라고 한 시편 127편 1절과 "내가 너희의 세력으로 말미암은 교만을 꺾고 너희의 하늘을 철과 같게 하여 너희 땅을 놋과 같게 하리니 너희의 수고가 헛될지라"라는 레위기 26장 20절의 경고도 함께 머릿속에 떠오릅니다.

인간이 소유할 수 있는 최고의 지식, 지혜, 혹은 지성으로도 세상의 이치는 물론 "자기의 길"조차 알 수 없음을 인정하지 않고 여전히 스스로의 능력을 믿으며 하나님께 의지하지 않는 태도를 두고 그것이 재앙과 사망을 부르는 일이 될 것임을 "어떤 길은 사람이 보기에 바르나 필경은 사망의 길이니라"라는 잠언 14장 12절(잠 16:25)과 "스스로 지혜롭다 하며 스스로 명철하다 하는 자들은 화 있을진

저"라는 이사야 5장 21절 등을 통해 경고하고 있는 성경은, 그런 태도의 사람들이 맞게 될 결말에 대한 예시(시 52:5)와 연결되는 시편 52편 7절에서 "하나님을 자기의 힘으로 삼지 않고 자기 많은 재물만 믿고 사악함으로 힘을 키운 사람은 저렇게 되기 마련이다!"(우리말성경)라는 말로, "자기 꾀에 자기가 빠지고 마는" 인간의 어리석은 모습을 비웃기도 합니다.

사사기를 읽을 때 가장 눈에 띄는 부분은 "그 시절 이스라엘에는 왕이 없었기에 모두가 자기 보기에 옳다고 생각하는 대로 행동했습니다"(우리말성경)라는 서술이 반복된 후반부(삿 17:6)와 마지막 장 마지막 절(삿 21:25)의 두 문장입니다. 우리말성경에 "모두가"로 번역된 단어가 개역개정에는 "사람마다", 표준새번역과 새번역에는 "저마다"로 번역되어 있으며, "자기 보기에 옳다고 생각하는 대로"의 구절도 영어 성경의 NLT 버전에서는 *whatever seemed right in their own eyes*"라고 하여 "무엇이든 자기 눈에 옳게 보이는 대로"라는 표현을 사용하고 있지요.

결국, 그들이 취한 행동과 판단의 기준은 오로지 "각자의 눈", "저마다의 생각"이라는 의미로서, 그 때문에 사사 시대는 이스라엘 역사 가운데에도 가장 어둡고 수치스러운, 실패와 절망의 시기로 기록에 남게 되었습니다. 이는 "완벽하게 불완전한(Perfectly Imperfect)" 인간의 본성을 전혀 깨닫지 못한 그들이 스스로 하나님의 자리에 설 수 있는 양 착각한 데서 빚어진 당연하면서도 불행한 귀결입니다.

위에 소개된『영적 분별력』에는 "하나님은 가득 찬 상태를 바라시는 것이 아니다. 그분은 빈 상태에만 끌리신다. 그리스도인들은 약점이 아니라 **강점** 때문에 **실패**하는 경우가 더 많다… 하나님은 그분에게서 힘을 얻는 약한 사람들을 찾으신다. 약함의 강함이 나타나는 출발점은 언제나 부서진 상태이다. 하나님의 능력으로 도움을 받기에 족할 때가 언제인가? 하나님의 은혜 외에는 남은 것이 하나도 없을 때이다. 다른 무엇이 남아 있으면, 대개 우리는 그것을 신뢰하기 때문이다"라는 예리한 분석도 등장합니다.

하나님이 우리를 도와 일하시기에 가장 좋은 때는, 자신의 연약함과 깨어짐을 인정하며 "손들고(stretch hands)" 나오지 않을 수 없게 되었을 때라는 것인데 – 지난 장에서 다룬 "천부여 의지 없어서"라는 찬송가의 가사처럼 – 이는 본서 1, 2장에서 언급된 같은 교훈의 말씀들(렘 9:23; 욜 3:10; 고후 12:10; 약 2:5)과도 맥이 닿아 있는 주장이라 할 수 있겠습니다.

구약인 이사야서에는 "지혜로운 자들을 물리쳐서 그들의 지식을 어리석게 하신다"(표준새번역, 새번역)라고 하여(사 44:25), 신약성경에서의 "하나님께서는 지혜 있는 자들을 부끄럽게 하시려고 세상의 어리석은 것을 택하셨으며, 강한 자들을 부끄럽게 하시려고 세상의 약한 것을 택하셨습니다"(표준새번역)라는(고전 1:27) 말씀과 정확히 상응하는 구절이 있습니다.

신구약을 불문하고 공통적으로 전해진 이 같은 메시지에서 보듯, 하나님이 "지혜로운 자들을 물리쳐서 그들의 지식을 어리석게" 하시는 반면, "세상의 어리석은 것을 택하여 지혜 있는 자들을 부끄럽게" 하시고 "세상의 약한 것을 택하여 강한 자들을 부끄럽게" 하시는 것은 결국 "우리 자신을 의지하지 않고 죽은 사람들을 살리시는 하나님만 의지하도록 하기 위함"(우리말성경)입니다(고후 1:9).

삶의 전권을 하나님께 내어 드리는 자세를 두고 "운전대를 맡긴다"는 말로 비유하는 경우가 종종 있는데, 이런 비유에 대해 익히 잘 알고 있음에도 여전히 운전은 내가 하고 하나님은 그냥 옆자리에 앉으셔서 가끔씩 방향을 알려 주는 역할만 하시기를 바라는 듯한 제 자신의 모습에 스스로 놀랄 때가 있습니다.

자신의 차 조수석을 친한 사람에게 내어 주고 길을 잘 아는 그의 지시를 따라 운전하는 것이야 그리 주저되는 일이 아니지만, 본인이 조수석에 앉은 채 그 차의 운전 자체를 다른 사람이 하도록 허락하는 일은 누구에게나 쉽지 않은 결정일 것입니다. 내 차의 주인은 나라고, 이 귀한 차의 "운행권"을 다른 이에게 고스란히 넘기고 지켜만 보는 것은 너무나 불안한 일이라고 계속 속삭여대는 자기 안의 목소리 때문이겠지요.

또한 이것은 삶이라는 도로에서 자신의 운전 실력으로 어떻게든 진행해 나아갈 수 있으며, 혼자의 힘으로 목표 지점에 다다를 수 있다고 믿는 착각 때문이기도 할 것입니다.

이런 수많은 내적 장애 요소를 과감히 치워 낼 '용기'를 잃지 않도록 성경이 제시하는 위의 말씀들을 반복해 묵상하고 매 순간 복기함으로써, 내가 운전하는 차의 옆자리에 앉으신 – 혹은 그저 내비게이션이 되신 – 하나님이 때때로 방향을 지시해 주시는 삶이 아니라, 하나님이 직접 운전하시는 차의 옆자리에 편히 기대앉아 주님과의 드라이브를 마음껏 즐기는 축복된 인생을 누리는 것이, 제가 늘 꿈꾸는 최고, 최상의 삶의 모습입니다.

16

도움은 주님으로부터 온다

하나님께만 의지해야 할 당신의 백성이 주님 아닌 다른 의지처를 찾는 데 대한 꾸중의 본보기로 가장 많이 인용되는 말씀은 "참으로 나의 백성이 두 가지 악을 저질렀다. 하나는, 생수의 근원인 나를 버린 것이고, 또 하나는, 전혀 물이 고이지 않는, 물이 새는 웅덩이를 파서, 그것을 샘으로 삼은 것이다"(표준새번역, 새번역)라는 예레미야 2장 13절일 것입니다. 만물의 근원이자 기반이신(사 28:16; 33:6; 고전 3:11) 하나님을 배제하고 다른 의지의 대상을 찾겠다는 생각 자체가 심각한 죄임을 알려 주는 대표적 구절이기 때문입니다.

그와는 달리, "사람의 도움은 헛되니 어서, 우리를 도우셔서, 이 원수들을 물리쳐 주십시오"(표준새번역, 새번역)라는 기도로(시 108:12) 하나님의 도우심에 비하면 그저 '헛된' 것일 뿐인 사람의 도움의 한계를 상기시켰던 다윗은, "주는 나의 도움이시요 나를 건지시는 이시라", "여호와여 주는 나를 돕고 위로하시는 이시니이다"라는 시편 40편 17절과 86편 17절, 그리고 "주님은 나를 도우시는 분, 나를 건져 주시는 분이십니다"(표준새번역, 새번역), "하나님은 나를 돕는 분이시며 여호와는 내 영혼을 붙들어 주는 분이십니다"(우리말성경)라고 하는 시편 70편 5절과 54편 4절 등에서도, 하나님에게서 "마음에 합한 사람"(삼상 13:14; 행 13:22)으로 인정된 자신의 명성에 걸맞게 주님께만 도움을 구하는 자세를 흩트리지 않고 있습니다.

예레미야 당시의 유대인들처럼 스스로 "웅덩이"를 파서 살 길을 찾으려 하지 않고 다윗과 같이 오로지 하나님만을 자신의 도움이며 구원이라고 고백할 수 있기 위해선 "나 스스로를 도울 힘이 내게 없지 않느냐"(우리말성경)라고 하는(욥 6:13), 스스로의 무력함과 연약함을 인정하는 단계의 선행이 반드시 필요합니다.

그와 같은 인정에 의해서만 "주는 우리 도움이시요, 우리 방패십니다"(우리말성경), "여호와께서 내 편이 되사 나를 돕는 자들 중에 계시니"라는 시편 33편 20절과 118편 7절의 확신에 찬 선포가 가능하게 될 테니 말입니다.

제한적 존재이기에 자기 내부에서 아무런 도움도 이끌어 낼 수 없으며 오직 하나님에게서 오는 도움에 의존할 수밖에 없다는 사실이 거듭난 기독교인에게는 부끄럽거나 절망적인 일이 아니라 도리어 자랑스럽고 감사한, 구원의 소식이자 희망의 단초임은 앞의 14장에서도 설명된 바 있습니다. "주는 내 도움이시니 내가 주의 날개 그늘에서 즐거워할 것입니다"(우리말성경)라는 시편 63편 7절과 "주 여호와께서 나를 도우시므로 내가 부끄러워하지 아니하고"라는 이사야 50장 7절, 그리고 "주의 오른손이 나를 붙들고 주의 온유함이 나를 크게 하셨나이다"라고 하는 – "도움"이 "온유함"으로 번역되어 있는 – 시편 18편 35절 등이 그 같은 사실을 입증해 주는 말씀들이지요.

성전 재건의 책임자인 총독 스룹바벨에게 전하라며 하나님이 스가랴에게 주셨던 "힘으로 되지 아니하며 능력으로 되지 아니하고 오직 나의 영으로 되느니라"라는 스가랴 4장 6절 내용이 ERV라는 영어 성경 버전에는 "Your *help* will not come from your own strength and power. No, your *help* will come from my Spirit(너의 도움은 결코 네 스스로의 힘과 능력에서 오지 않는다. 너의 도움은 바로 나의 영으로부터 오는 것이다)"이라고 번역되어 있는데, "하나님으로부터의 도움"에 핵심을 둠으로써 여타의 버전들과 사뭇 다른 표현이 된 이 내용을 접할 때면 "나의 도움이 어디서 올까 나의 도움은 천지를 지으신 여호와에게서로다"라는 시편 121편 1-2절과 "우리의 도움은 천지를 지으신 여호와의 이름에 있도다"라는 시편 124편 8절의 말씀이 함께 떠오르곤 합니다.

『한 길 가는 순례자』(*A Long Obedience in the Same Direction*)라는 자신의 책에서 시편 124편을 분석하며 "나의 삶에서 위태로운 것은 그리스도인으로 살아가는 일이다… 나는 항상 실패의 위기 속에서 산다… 그러나 시편 124편은 위험에 관한 시가 아니라 **도우심**에 관한 시이다… 우리의 삶을 규정하는 것은 문화가 아니라 그리스도이다. 우리의 생애는 우리가 겪는 위험이 아니라, 우리가 체험하는 하나님의 **도우심**으로 빚어진다"라는 말로 개진된 유진 피터슨의 자기 인식은, 다시 "참으로 주님께서 나와 함께 계셔서 도와주시면, 나는 날쌔게 내달려서, 적군도 뒤쫓을 수 있으며, 높은 성벽이라도 뛰어넘을 수 있습니다"(새번역), "나에게 능력을 주시는 분 안에서, 나는 모든 것을 할 수 있습니다"(표준새번역, 새번역)라고 하는 사무엘하 22장 30절(시 18:29)과 빌립보서 4장 13절의, 어떤 상황에서든 주님이 주시는 힘과 도움에 의지하며 용기와 희망을 잃지 않도록 격려하는 말씀들을 연상시켜 줍니다.

이처럼 도움의 원천이신 하나님을 향해 '구원'을 요청하는 말씀들을 시편에서 특히 많이 발견하게 되는바, "하나님이여 나를 건지소서 여호와여 속히 나를 도우소서"라는 70편 1절을 필두로 "주의 오른손을 내미셔서, 주께서 사랑하시는 사람을 구원하여 주십시오"(표준새번역), "주, 나의 하나님, 나를 도와주십시오. 주님의 한결같으신 사랑을 따라, 나를 구원하여 주십시오"(새번역)라며 주님의 **사랑**에 근거한 도움과 구원을 요청하는 60편 5절과 109편 26절, 그리고 "주의 이름을 위해 나를 선하게 대하시고 주의 사랑이 선하시니 나를 건지소서"(우리말성경), "오 우리 구원의 하나님이여, 주의 이름의 영광을 위해 우리를 도와주소서"(우리말성경)라고 하여 주님의 **이름**과 **영광**을 위해 도움과 구원을 주실 것을 청하는 109편 21절과 79편 9절 등이 그에 해당하는 구절들입니다.

미스바에 모여 있던 이스라엘 민족을 치러 온 블레셋이 하나님의 도움으로 크게 패하여 퇴각한 사건에 대해 "사무엘이 돌을 들어 미스바와 센 사이에 두고 '여호와께서 여기까지 우리를 도우셨다'라고 말하며 그곳을 에벤에셀이라고 불렀습니다"(우리말성경)라고 기록한 사무엘상 7장 12절에서의 "에벤에셀(Eben-Ezer)"이라는 어휘와 – 히브리어로 "에벤 하아제르(אבן העזר: 'eḇen hā-'ezer)"라 읽히며 "**도움의 돌**(the stone of help)"이라는 뜻을 지닌 – "여기까지 우리를 **도우셨다**"라는 말로 풀이되어 문장은, 하나님이 자신들을 구원해 주신 지금의 도움이 앞으로도 계속 이어질 섭리임을 예견하며 확신하는, 즉 "**여기까지 도우셨던 하나님이 앞으로도 계속 도와주실 것**"이라는 믿음의 선포로 이해될 수 있는 요소입니다.

또한 이것은 다윗이 사울을 피해 도주하던 당시 그에게 찾아온 아마새가 "성령님에게 사로잡힘"을 당함으로써, "당신의 하나님이 당신을 도우심이니이다"라고 축언하며 **과거**에 다윗을 도우신 하나님께서 **미래**에도 도우실 것임을 확증했던, 그리고 이 때문에 아마새를 신뢰하게 되었을 다윗이 그를 자신의 군대 지휘관으로 임명하는 계기로 이어진, 의미 있는 사건(대상 12:16-18)과도 맥을 같이 하고 있습니다.

하나님을 실망시키는 사울의 "실패담 모음집"이라 할 만한 사무엘상의 내용 가운데에도, 길갈에서 기다리고 있으면 7일 후에 내려가겠다는 사무엘의 지시(10:8; 13:8)를 끝까지 따르지 못하고 초조함이 앞서 직접 번제를 드린 일(13:9)과, 상황 파악을 위해 하나님의 궤를 가져오라고 했다가 곧 마음을 바꿔 그만두도록 한 일(14:18-19)은 유난히 눈길을 끄는 대목입니다.

실제로 "사울이 아히야에게 말했습니다. '하나님의 궤를 가져오너라'… 사울이 제사장에게 말하고 있는 동안 블레셋 진영의 소동은 더더욱 심해졌습니다. 그러자 사울이 제사장에게 말했습니다. '그만두어라'"(우리말성경)라고 하는 14장 18-19절을 읽다 보면, 하나님의 궤를 마치 우림이나 둠밈처럼(출 28:30) 사용하려는 태도의 위험성과 함께, 하나님의 뜻 아닌 주변 상황에 따라 태도를 급변시키는(13:8; 14:19) 사울의 결정적 한계가 뚜렷이 드러납니다.

하나님의 도우심이야말로 자신에게 주어질 수 있는 가장 '확실한' 도움임을 깨닫지 못하는 사람일수록 하늘보다 땅이 먼저 보이고 하나님의 얼굴보다 사람들의 표정에 먼저 시선이 가기 마련이겠지요.

예전에 들었던 "교회 유머" 가운데, 차들로 꽉 찬 주차장에서 주차할 곳이 없어 애를 태우며 빈자리 하나만 찾게 해 달라고 간절히 기도하던 어떤 크리스천이, 자리 하나를 발견하자마자 곧 태도가 여유롭게 바뀌며 "Oh, I found one. Never mind(아, 제가 하나 찾았어요. 신경 쓰지 않으셔도 돼요)"라고 하나님께 말하더라는 이야기가 있었습니다. 그저 재미있는 농담으로 웃어 넘기려던 저를 불현듯 정신 차리게 만든 것은, 웃고 있는 저 자신 역시 그런 태도를 취한 적은 없었는지 되돌아봐야 마땅하다는 갑작스러운 자성이었습니다.

"시냇가에 심기운 나무"(시 1:3)처럼 "시내"이신 하나님의 도움에만 의지해야 할 우리가 "생수의 근원"(렘 2:13) 되시는 하나님을 외면한 채 "물 새는 웅덩이"를 여기저기 파면서도 그 사실조차 인식하지 못하고 있는 것은 아닌지, 우리의 삶 자체가 하나님에게서 오는 도움들의 직조물 – 날실과 씨실로 짜여진 – 임에도 마치 자기 스스로 찾고 이뤄 낸 노력과 거기에 우연의 일치가 더해진 합작품인 듯 착각하면서 하나님께 "Never mind"라고 무의식 중 내뱉고 있는 것은 아닌지, 한번 곰곰이 생각해 봐야 할 일입니다.

17

내가 주임을 알게 되리라

앗시리아 왕의 군대에 의해 바벨론으로 끌려 갔다가 하나님의 은혜로 다시 예루살렘에 돌아온 후 그제야 비로소 여호와를 인정하게 된 유다 왕 므낫세의 회심을 "기도하였으므로 하나님이 그의 기도를 받으시며 그의 간구를 들으시사 그가 예루살렘에 돌아와서 다시 왕위에 앉게 하시매 므낫세가 그제서야 여호와께서 하나님이신 줄을 알았더라"라고 기록하고 있는 역대하 33장 13절은, 주님을 일컫기 위해 사용된 두 가지 명칭으로 우리의 주목을 집중하게 하는 구절입니다.

그 두 가지 명칭이란 곧, "야훼(Yahweh [אֶהְיֶה: 'ehyeh])"라는 히브리어의 역어인 "여호와(the Lord)"와 "엘로힘(Elohim [אֱלוֹהִים: 'ĕlôhîym])"을 번역한 호칭인 "하나님(God)"이지요.

하나님이 스스로를 규정하신 정의는, 자신을 보낸 분에 대해 이스라엘 백성들이 물어 볼 경우 어떻게 대답해야 하느냐는 모세의 질문에 "나는 곧 나다. 너는 이스라엘 자손에게 이르기를, '나'라고 하는 분이 너를 그들에게 보냈다고 하여라"(새번역)라고 답변하신 출애굽기 3장 14절에서 대표적인 예를 발견할 수 있습니다. 이 구절에서의 "I AM WHO I AM(אֶהְיֶה אֲשֶׁר אֶהְיֶה: 'ehyeh 'ăšer 'ehyeh)"이라는 표현은 "나는 나이다" 혹은 "나는 스스로 있는 자이다"라는 의미로, 여기에 사용된 히브리어 "예흐예(אֶהְיֶה: 'ehyeh)", 즉 부정사 "to be"의 1인칭 단수 형태는 어느 누구 혹은 어떤 상황에도 영향을 받지 않고 자족적(自足的)으로 자존(自存)하는 항존(恒存)의 존재를 의미하는 어휘입니다.

하나님은 성경을 통해 당신의 "주님 되심"을 반복적으로 알려 주실 뿐 아니라, 우리가 그 사실을 스스로 알게 될 때(또는 경우)가 언제인지도 구체적으로 말씀하고 계십니다.

"나는 주 하나님이다(I am the Lord)"라는 하나님의 '자기 소개'가 당신께서 이루신 일들에 대한 언어적 실증과 함께 계시되는 경우인, "너희를 내 백성으로 삼고 나는 너희의 하나님이 되니니 나는 애굽 사람의 무거운 짐 밑에서 너희를 빼낸 너희의 하나님 여호와인 줄 너희가 알지라"라는 출애굽기 6장 7절과 "나는 그들의 하나님이 되려고, 뭇 민족이 보는 앞에서 그들을 이끌어 내었다. 나는 주다"(표준새번역, 새번역)라는 레위기 26장 45절, 그리고 "네가 이 큰 무리를 보느냐 내가 오늘 그들을 네 손에 넘기리니 너는 내가 여호와인줄 알리라"라고 하신 열왕기상 20장 13절 등이 그에 관한 대표적 예라 할 수 있겠지요.

그럼에도 하나님이 이루신 일을 소개하는 이런 '사례'들은 그분에 대한 우리의 이해를 돕기 위해 제시된 것일 뿐, 하나님의 성품이나 권위를 격상시키려는 목적으로 기록된 것이 결코 아니라는 사실 또한 기억할 필요가 있습니다.

하나님의 영광과 권능, 거룩함과 위대함 자체가 하나님의 주님 되심을 자증한다는 것은 "내가 그들이 보는 앞에서 너희를 통해 내 거룩함을 보여 줄 때 내가 여호와임을 그 민족들은 알게 될 것이다"(우리말성경), "이렇게 나는 내 위대함과 거룩함을 드러내어 많은 민족들이 보는 앞에서 나를 알릴 것이다. 그러면 내가 여호와임을 그들은 알게 될 것이다"(우리말성경), "내가 내 영광을 여러 민족 가운데에 나타내어 모든 민족이 내가 행한 심판과 내가 그 위에 나타낸 권능을 보게 하리니 그 날 이후에 이스라엘 족속은 내가 여호와 자기들의 하나님인 줄을 알겠고"라는 에스겔 36장 23절과 38장 23절, 39장 21-22절 등에서 반복적으로 규명되고 있기 때문입니다.

하나님의 "여호와 되심"에 대한 계시는 주님의 "자비"와 "심판"이라는 양면을 통해 우리에게 주어지는 것으로, "내가 나를 위해 진실로 혼약을 맺을 것이다. 그러면 너는 여호와를 알게 될 것이다"(우리말성경)라는 호세아 2장 20절과 "내가 너와 언약을 세울 것이다. 그러면 내가 여호와임을 네가 알게 될 것이다"(우리말성경)라는 에스겔 16장 62절처럼 사랑과 **자비**의 규약이 언급된 구절들은 물론, "내가 너희 악한 행동들이나 너희 타락한 행위를 따라 그대로 갚지 않고 내 이름을 더럽히지 않으려고 할 때 내가 여호와임을 너희가 알게 될 것이다"(우리말성경)라고 하여 징벌의 과정 중 베풀어지는 자비에 의해 하나님의 주님 되심을 선언하는 에스겔 20장 44절 같은 말씀도 성경은 우리에게 제시하고 있습니다.

반면, "내가 여호와임을 알게 되리라"라는 예언적 선포의 근거로 주님의 **심판**을 들고 있는 구절인 "내가 그들에게 원수를 갚은즉 내가 여호와인 줄을 그들이 알리라", "그들이 행한 모든 혐오스러운 일들로 인해 내가 그 땅을 극심한 폐허로 만들 때 내가 여호와임을 그들은 알게 될 것이다"(우리말성경)라는 에스겔 25장 17절과 33장 29절, 그리고 "그들의 사방에서 멸시하던 모든 자를 내가 심판할 때에 그들이 평안히 살며 내가 그 하나님 여호와인 줄을 그들이 알리라", "내가 마곡에게 또 해안 지역에서 안심하고 살고 있는 사람들에게 불을 보낼 것이니 내가 여호와임을 그들은 알게 될 것이다"(우리말성경)라고 한 같은 책 28장 26절과 39장 6절 역시, 하나님의 "여호와 되심"에 대한 계시라는 면에서는 다름이 없다고 하겠지요.

이집트에 대한 심판 역시 하나님의 주님 되심을 입증하는 주요 사건들 중 하나입니다. 이집트의 파라오는 자신의 힘을 능가하는 "전능함"이 존재한다는 사실을 부인하며 하나님을 거역했던 대표적 인물 중 하나로, 모세가 증거한 하나님의 권능에 복종하기를 거부함으로써 출애굽기를 위시한 성경 이곳저곳에 자신들의 심판과 관련한 구절을 남기게 되었습니다.

"내가 내 손을 애굽 위에 펴서 이스라엘 자손을 그 땅에서 인도하여 낼 때에야 애굽 사람이 나를 여호와인 줄 알리라", "내가 바로와 그의 마차들과 마병들을 통해 영광을 얻을 때 이집트 사람들이 내가 여호와임을 알게 될 것이다"(우리말성경)라며 이스라엘의 구원과 여호와의 영광을 통해 그들이 '간접적으로' 하나님을 경험하게 될 것임을 알리는 출애굽기 7장 5절과 14장 18절을 포함해, "내가 애굽에 불을 일으키며 그 모든 돕는 자를 멸할 때에 그들이 나를 여호와인줄 알리라", "내가 내 칼을 바벨론 왕의 손에 넘기고 그를 들어 애굽 땅을 치게 하리니 내가 여호와인 줄을 그들이 알리라"라면서 혹독한 심판을 통해 '직접적으로' 하나님의 주님 되심을 깨닫게 되리라고 예언하는 에스겔 30장 8절과 25절 등도 역시 이에 해당하는 말씀입니다.

영국의 시인이자 평론가인 윌리엄 어니스트 헨리(William Ernest Henley)가 쓴 <굴하지 않음>(Invictus)이라는 시의 마지막 연에는, "천국에 이르는 문은 좁고 심판 명부에 기록된 형벌은 많다고들 하지만, 내 운명의 **주인**은 나이며 내 영혼의 **선장** 역시 나이다(It matters not how strait the gate, How charged with punishments the scroll, I am the *master* of my fate, I am the *captain* of my soul)"라는 구절이 있습니다.

언뜻 보기에는 강한 정신력을 드러내는 내용으로 읽힐 수 있고 또 그런 시로서 칭송을 받기도 하지만, 실상 이 같은 태도는 이집트의 파라오와 마찬가지로 하나님만 하실 수 있을 "I am who I am, and therefore I will not yield to anyone(나는 나이기에 그 누구에게도 굴복하지 않을 것이다)"이라는 말을 인간 스스로 하고 있는 것에 지나지 않습니다.

지금까지 살펴본 바로도 알 수 있듯, 성경 전체를 통해 "내가 여호와임을 알게 되리라"라는 구절이 가장 많이 등장하는 책은 에스겔입니다.

그리고 그 가운데에도 특히 은혜가 되는, 하나님이 주시는 구원을 통해 이스라엘이 당신의 주님 되심을 알게 되리라는 말씀으로 "내가 그들의 멍에의 나무를 꺾고 그들을 종으로 삼은 자의 손에서 그들을 건져낸 후에 내가 여호와인 줄을 그들이 알겠고"라는 34장 27절과 "내 백성아, 내가 너희의 무덤을 열고 그 무덤 속에서 너희를 이끌어 낼 그 때에야 비로소 너희는, 내가 주인 줄 알 것이다"(표준새번역, 새번역)라는 37장 13절 등을 들 수 있지만, 주님의 **구원**과 **회복**에 관한 가장 감동적인 선포는 역시 "너희 위에 힘줄을 두고 살을 입히고 가죽으로 덮고 너희 속에 생기를 넣으리니 너희가 살아나리라 또 나를 여호와인줄 알리라"라고 하신 37장 6절의 유명한 말씀을 꼽아야 할 듯합니다.

더불어, 심판 이후 회복된 이스라엘의 미래 모습으로 인해 주의 백성들이 당신의 주권을 깨닫게 되리라는 사실도 "내가 너희를 예전처럼 사람들이 살도록 하고, 전보다 더 좋아지게 해주겠다. 그 때에야 비로소 너희는, 내가 주인 줄 알 것이다"(표준새번역, 새번역), "성회 때마다 거룩한 제물로 바칠 양 떼가 예루살렘으로 몰려들듯이, 폐허가 된 성읍들이 사람들로 가득 차게 하겠다. 그 때에야 비로소 그들이, 내가 주인 줄 알 것이다"(표준새번역, 새번역)라는 36장 11, 38절과 "전에는 내가 그들이 사로잡혀 여러 나라에 이르게 하였거니와 후에는 내가 그들을 모아 고국 땅으로 돌아오게 하고 그 한 사람도 이방에 남기지 아니하리니 그들이 내가 여호와 자기들의 하나님인 줄을 알리라"라는 39장 28절 등의 말씀에서 명확히 소명되고 있습니다.

시작 부분에서 언급되었듯, 하나님은 "자족적으로 자존"하신다는 선언을 통해 당신이 언제, 어느 곳에나 실존하는 분임을 명시하실 뿐더러 지속적으로 그리고 영원히 존재한다는 사실 역시 천명하고 계십니다.

"I AM WHO I AM"이라는 하나님의 자기 계시가 "나는 나다"라는 현재형은 물론이고 "나는 내가 되기로 선택한 사람이 될 것이다"라는 **미래** 시제로까지 이해해야 하는 개념으로, 게다가 '명사'가 아니라 '동사'를 극대화한 **문장**으로 제시된 것도 그러한 이유에서일 것입니다.

하나님이 스스로를 동사로 설명하신 것은 구원사에서의 역동적 역할을 가시화하는 동시에, 명사의 존재적 차원을 넘어 동사가 대변하는 실천적 의지, 그리고 우리 인간들과의 상호 관계성으로까지 확대된 계시일 것이라 추측할 수 있는데, "나는 알파요, 오메가다"(우리말성경)라는 짧은 문장 안에 그 모든 의미를 함축하는 요한계시록 1장 8절을 그 사실을 대변하는 구절로도 꼽아 볼 만합니다.

심판을 매개로 하나님의 주님 되심을 증언하는 구절들이 적지는 않다고 해도, 성경에서 "내가 주임을 알게 되리라"는 선포와 가장 빈번히 공존하는 메시지는 역시 하나님의 자비와 구원, 그리고 회복입니다.

"우리말성경"이 "차분히 생각해 내가 하나님임을 알라(Be still, and know that I am God)"라고 10절 부분을 번역하고 있는 시편 46편은 "하나님은 우리 피난처요, 힘이십니다… 그러므로… 바다 물결이 으르렁거리며 철썩거려도 산들이 끓어올라 흔들린다 해도 두려워하지 않을 것입니다"(우리말성경)라는 말씀으로(시 46:1-3) 시작되는바, 스스로를 "굴하지 않는(Invictus)" 정신력을 가진 "자기 배의 선장"이라 자처하는 사람일지라도, 모든 것의 "처음과 끝"인 자존자이시면서 우리 삶의 파도를 잠재우는 일에 역동적으로 개입하시는 자비와 구원의 주(主)를 끝내 알지 못한다면, <난파>(Shipwreck)라는 또 다른 찬양의 제목과 가사처럼 파선한 배의 선장으로 표류할 수밖에 없을 것입니다.

18

하나님을 알라

　최근 대중가요의 가사로 만들고 불려지면서 그 의미가 적잖이 퇴색하긴 했지만 "너 자신을 알라(Know yourself)"라는 소크라테스(Socrates)의 명언은 여전히 우리에게 시사하는 바가 큽니다. 실제로 철학이나 심리학 등 대다수 인문학이 인간의 자기 탐구에서 시작된 학문들이라 해도 과언이 아닌 데다가 최근 특히 심각성을 보이고 있는 심리적, 정신적 문제들 또한 자아 정체성의 혼란에 상당 부분 근거하고 있기 때문입니다.

　하지만 "나는 누구인가"라는 질문에 대한 답을 자기 스스로에게 물어 본다고 얻을 수 있는 것이 아님은, 어떤 발명품이나 신제품의 기능과 용도를 모를 때 그 물건과 메뉴얼을 제작한 **발명가** 혹은 **제조자**에게 문의하지 않고 물건 자체에게 직접 물어본다면 무척 우스꽝스런 행동이 될 것이라는 – 인간의 경우에도 동일하게 적용되는 논리인 – 사실을 통해 설명될 수 있는 일일 것입니다.

　『아버지께로 돌아오라』(*Come to Papa*)라는 자신의 저서를 통해 우리가 "자기 존재의 온전함"을 발견하는 일은 주님과의 친밀함 안에서만 가능하다는 주장을 펴는 게리 윈스(Gary Wiens)도, 우리 각자의 정체성과 운명의 핵심 부분이 하나님의 마음속에 감추어져 있기에 그 "운명의 완성" 역시 아버지 하나님을 떠나서는 결코 실현될 수 없다면서, 그러한 "감추어짐"은 자신의 정체성과 운명을 알고자 추구해 가는 과정에서 우리가 하나님을 더욱 잘 알아 가는 일 또한 가능하도록 의도하신 주님의 본래 계획이 만들어 낸 현상이라 설명하고 있습니다.

위대한 설교자이자 기독교 복음주의 운동의 거장으로서, "지식"을 두 종류, 즉 "정보(Information)"와 "친밀함(Intimacy)"으로 구분하는 존 스토트(John Stott)는, 전자인 "정보로서의 지식"이 "머리로 아는 지식"인 반면 후자인 "친밀함을 통한 지식"은 "인격적 체험과 만남을 통해 알게 되는 지식"이라는 분류와 정의를 제시합니다.

실제로도 성경에서 "안다"라는 표현은 단순히 어떤 정보를 갖고 있다는 차원을 넘어 알고 있는 대상과의 '인격적' 교제를 '능동적'으로 즐긴다는 의미로 주로 사용되는데, "우리는 모두 하나님의 아들을 믿는 것과 아는 지식에 하나가 돼 온전한 사람을 이루어"(우리말성경)라는 에베소서 4장 13절과 "그리스도께서 하나님의 신성한 능력을 따라 생명과 경건에 속한 모든 것을 우리에게 주셨습니다. 이는 하나님의 영광과 존귀하심에로 우리를 부르신 그분을 아는 지식으로 말미암은 것입니다"(우리말성경)라고 한 베드로후서 1장 3절 등에서 하나님과 주 예수를 "아는 지식"으로 지칭된 개념을 그 구체적 예로 들 수 있겠습니다.

기독교 철학자이자 교수인 폴 챔벌레인(Paul Chamberlain)의 저서, 『왜 사람들은 믿음을 갖지 않는가』(Why People Don't Believe)의 서문에서 역자인 제가 지적한 바 있듯, 기독교인들이 추구하는 지식의 내용이 이성과 충돌하는 것은 아닐지라도 이성에 앞서는 무언가여야 함은 분명하며, 그리스도인에게 요구되는 지식 추구의 방식 역시 이성에 의한 이해만으로 수행하는 "지적 수고"가 아니라 하나님에 대한 사랑과 경외를 바탕으로 한 "영적 향유"여야 함 또한 확실합니다.

수 세기 동안 많은 사람에게 신앙과 이성의 관계에 대한 심오한 깨달음을 제공해 왔던 중세 신학자 안셀름(Anselm of Canterbury)의 "나는 믿기 위해 이해하려는 것이 아니라 이해하기 위해 믿는 것이다 (I do not seek to understand in order to believe, but I believe in order to understand)"라는 – 이해가 되어야만 믿을 수 있다고 고집하기에 앞서 먼저 믿고 난 다음 이해를 추구하겠다는 – 촌철살인적 선언이 보여 주듯, 하나님과의 인격적 만남을 통해 온전한 **믿음**에 이르게 된 사람만이 그분에 대한 진정한 **이해**에 도달할 수 있으며, 또한 이 경지가 바로 인간이 누릴 수 있는 지식과 지혜의 최고 수준인 것입니다.

"나의 주 예수 그리스도를 아는 지식이 가장 고귀하므로, 나는 그 밖의 모든 것은 해로 여깁니다. 나는 그리스도 때문에 모든 것을 잃었고, 그것들을 오물로 여깁니다"(표준새번역)라고 하여(빌 3:8) "주 예수 그리스도를 아는 지식"이야말로 그 외의 모든 것을 오물처럼 여기도록 만들기에 충분한, 인간이 누릴 수 있는 최고 수준의 지식과 지혜임을 강력히 주창했던 사도 바울이, "내가 바라는 것은 그리스도를 알고, 그분의 부활의 능력을 깨닫고, 그분의 고난에 동참하여 그분의 죽으심을 본받는 것입니다"(표준새번역)라면서(빌 3:10) "그리스도를 아는" 일을 자기 삶의 목표 가운데 첫 번째 순위에 놓은 것도 이와 같은 사실들에 근거하리라 짐작해 봅니다.

위에서 언급했던 존 스토트가 자신의 저서, 『내 삶의 주인이신 그리스도』(Life in Christ)에 피력한 "예수 그리스도를 떠나서는 하나님과 우리 사이의 간격을 넘을 수 없다… 우리 힘으로는 하나님을 알 수도 없고 그분께 이를 수도 없다… 다른 방도로는 이을 수 없는 이 간격을 이어주는 다리는 오직 하나뿐이니… 바로 인간이 되어 우리의 세상에 들어와 우리의 삶을 사시고, 죄 때문에 마땅히 죽어야 할 우리를 대신하여 죽으신 하나님의 영원한 아들 예수 그리스도이시다"라고 하는 주장은, 골로새서 2장 3절의 "그리스도 안에는 지혜와 지식의 모든 보화가 감춰져 있습니다"(우리말성경)라는 말씀의 의미를 새삼 되짚어 보게 합니다.

여덟 가지의 전치사를 사용해 예수님과 우리의 관계를 설명하는 이 책에서, 그리스도께 초점을 둔 믿음의 삶을 "그리스도를 통해(through), 그리스도 위에(on), 그리스도 안에(in), 그리스도 아래(under), 그리스도와 함께(with), 그리스도를 향해(unto), 그리스도를 위해(for), 그리고 마침내 그리스도처럼(like) 사는 것"으로 정의하며, "예수 그리스도를 점점 더 **알아**가고 예배하고 사랑하여 마침내 그분이 우리에게 꼭 필요한 존재가 되고 그분 없는 삶은 상상할 수 없게 된다"는 결론을 도출하는 대목에서는 읽는 이들의 고개도 절로 끄덕여질 수밖에 없습니다.

그 주제 자체를 "하나님과의 친밀한 관계"로 삼고 있는 『아버지께로 돌아오라』라는 책에 적힌, 우리 각자의 정체성과 운명의 핵심 부분이 하나님 안에 "감추어짐"으로 간직된 이유는 주님이 우리와 따로 떨어져 '신비롭게' 존재하고 계신 분이어서가 아니며, 오히려 그것들을 찾아내는 탐구의 과정 중 하나님께 좀 더 가까이 다가가게 된 우리가 당신을 더 잘 **알 수 있도록 이끄**시려는 궁극적 목적 때문이라고 한 주장은, "감추어진 일은 우리 하나님 여호와께 속하였거니와 나타난 일은 영원히 우리와 우리 자손에게 속하였나니"라는 신명기 29장 29절과 "일을 감추는 것은 하나님의 영광이요, 일을 밝히 드러내는 것은 왕의 영광이다"(우리말성경)라는 잠언 25장 2절의 말씀을 또 다른 측면에서 묵상해 볼 수 있게 합니다.

　물론 전지하시며 영원무궁하신 하나님만 아실 뿐 유한하고 제약이 많은 우리 인간은 도저히 알 수 없을 섭리와 신비가 존재한다는 것은 사실이지만, 하나님이 여러 방법의 계시를 통해 당신에 대해 우리가 꼭 알아야 할 부분을 알 수 있도록 허락하셨다는 것 역시 결코 부인될 수 없는 진실입니다.
　"너희 가운데 예언자가 있으면, 나 주가 환상으로 그에게 알리고, 그에게 꿈으로 말해 줄 것이다"(표준새번역, 새번역)라는 민수기 12장 6절과 "내가 네 조상들이 이집트에서 바로의 억압 아래 있을 때 그들에게 나를 분명히 나타내지 않았느냐?"(우리말성경)라는 사무엘상 2장 27절이 전하려는 메시지가, "하나님을 알 만한 일이 사람에게 환히 드러나 있습니다. 하나님께서 그것을 환히 드러내 주셨습니다"(표준새번역, 새번역)라는 로마서 1장 19절에 압축적으로 요약되고 있는 것처럼 말입니다.
　이 같은 하나님의 '감추어진' 일을 깨닫는 데는 그를 위해 열린 마음, 보고 듣는 눈과 귀가 반드시 필요할 것입니다. 그렇기에 성경은 "하나님은 어둠 가운데서도 은밀한 것들을 드러내시며, 죽음의 그늘조차도 대낮처럼 밝히신다"(표준새번역, 새번역)라는 욥기 12장 22절과 "하늘은 하나님의 영광을 드러내고, 창공은 그의 솜씨를 알려 준다. 낮은 낮에게 그의 말씀을 전해 주고, 밤은 밤에게 그의 지식을 알려 준다"(표준새번역, 새번역)라고 한 시편 19편 1-2절, "세상이 창조된 이후로 하나님의 보이지 않는 것들, 곧 그분의 영원하신 능력과 신성이 그분이 만드신 만물을 통해 명백히 보여 알게 됐으므로 그들은 변명할 수 없습니다"(우리말성경)라는 로마서 1장 20절 등에서 하나님의 영을 통해 우리에게 허락된, "감추어지고", "보이지 않는" 대상을 향해 열려진 눈과 귀, 마음의 실재를 증거하고 있는 것이지요.

"기독교는 본질적으로 예수 그리스도이다", "기독교는 그리스도, 그분 자체이다"와 같이 책이나 설교 등에서 흔히 접하게 되는 말은, 우리의 신앙이 "예수님을 알아 가는 과정" 그 자체이며, 신앙인으로서 우리의 사명 또한 "주님을 **알고** 그분을 **알리는** 일(To *know* Him and to *make* Him *known*)"이라는 사실을 확신케 합니다. 그러나 이 표현이 스스로 자증하듯 타인에게 하나님을 '알리기' 위해서 자신이 먼저 하나님을 '아는' 일이 선행되어야 할 뿐더러, 하나님을 '정확히' 알리려면 '정확히' 아는 일이 필수적으로 요구되는 만큼, 개인적이고 경험적 차원에서 얻게 된 하나님에 대한 지식을 말씀에 비추어 객관적으로 살펴보고 확증하는 작업은 누구나 거쳐야 할 절차로 인식됨이 마땅합니다. 그리고 이것이 바로 사도행전 17장 11절에서의 "사실인지 알아보려고 날마다 성경을 찾아보는", 또한 마태복음 5장 19절이 말하는 "계명 가운데 가장 작은 것 하나라도 폐지하거나 잘못 가르치지 않으며 계명들을 지키면서 가르치는" 태도와 자세가 의미하는 바일 것입니다.

"내 백성이 나를 알지 못하여 망한다"(표준새번역, 새번역)라며 구약시대의 끝자락에 기록된 호세아 4장 6절을 통해 당신에 대한 백성들의 무지를 한탄하셨던 하나님은, 신약시대를 맞이하면서 주신 "영생은 오직 한 분이신 참 하나님을 알고 또 아버지께서 보내신 예수 그리스도를 아는 것입니다"(표준새번역, 새번역)라는 요한복음 17장 3절과 "우리의 주님이시며 구주이신 그리스도 예수에 대한 지식과 그의 은혜 안에서 자라십시오"(새번역)라는 베드로후서 3장 18절의 말씀에서 "하나님을 알지 못하여 망하는" 삶에서 탈피한, "참 하나님과 예수 그리스도를 아는 지식이 성장하여 영생을 누리게 되는" 삶의 길을 소개하고 계십니다.

앞서 언급된 "감추어진 일은 우리 하나님 여호와께 속하였거니와 나타난 일은 영원히 우리와 우리 자손에게 속하였나니"라는 신명기 29장 29절에서의 "감추어진 일"과 "나타난 일"이라는 반의어는 하나님의 **예정**과 인간의 **책임**이라는 양면에 대해 우리의 진지한 묵상을 요구하는바, 여호와 하나님이 우리와 우리 자손에게 나타내신 "영원한" 일이 무엇인지를 발견하는 작업은 결국 우리의 몫이자 의무이기 때문입니다.

"우리가 여호와를 알자 힘써 여호와를 알자"라는 호세아 6장 3절의 말씀 역시 하나님을 아는 일에 우리의 '노력'도 반드시 필요하다는 논지를 내포하고 있는 만큼, 그러한 노력이란 성실하고 부지런한 배움과 탐구로써 말씀 속에 감추어진 진리와 지혜를 발견해 내려는 부단한 애씀을 의미한다는 사실을, 우리 모두가 마음속에 늘 기억해야 할 것입니다.

19

하나님을 인정하라(1)

국어사전에는 "인정하다"라는 말의 의미가 "확실히 그렇다고 여기다"라는 한 문장으로 단순명료하게 풀이되어 있지만, 영어 사전에서 "acknowledge"와 "recognize"라는 동사를 찾아 보면 "알아주다", "이해하다", "가치를 깨닫다", "감사하다" 등과 같이 좀 더 폭넓고 다양한 설명들도 존재함을 발견하게 됩니다.

그런 관점에서 본다면 "인정한다"는 것은 "존중한다"는 말의 다른 표현이라고도 정의될 수 있는데, 그와 같은 상징성 때문인지 타인에게서 받는 인정이 중요하고 의미 있는 일로 여겨지는 데에는 동서고금을 막론하고 큰 차이가 없는 듯합니다.

사마천의 『사기』 중 "자객열전"에 등장하는 춘추 시대 진나라 예양의 "사위지기자사(士爲知己者死: 선비는 자신을 알아주는 사람을 위해 목숨을 바친다)"라는 유명한 말이나, 철학자이자 교수인 아나 E. 갈레오티(Anna E. Galeotti)가 쓴 『인정으로서의 존경』(*Respect as Recognition*)이라는 글에서의 "인정이란 상대방을 존경 받을 만한 가치의 소유자로 인식하는 태도"라는 설명을 통해서도 거듭 확인되는 사실이지요.

젠센 프랭클린의 『영적 분별력』이라는 책에 적힌 "우리의 역할은 하나님을 인정하는 것이고 그분의 역할은 우리 길을 지도하시는 것이다"라는 내용이 바로 이 말씀에 대한 해설이 아닐까 싶을 정도로 서로 연결된 맥락에서 "너는 범사에 그를 인정하라 그리하면 네 길을 지도하시리라"라고 명령한 잠언 3장 6절이 하나님을 인정하라는 권고의 이유를 직접적으로 설명하는 구절이라면, "내가 바라는 것은 인애지 제사가 아니며 하나님을 아는 것이지 번제가 아니다"(우리말성경), "너는 나 외에 다른 신을 알지 말라. 나 외에는 다른 구원자가 없다"(우리말성경)라는 호세아 6장 6절과 13장 4절 등은 하나님을 "안다(인정한다)"는 말의 의미에 대한 우회적 예시를 통해 주님에의 인정을 권면하는 구절들이라 할 수 있습니다.

위의 잠언 3장 6절과 "이날 너희는 저 위 하늘과 저 아래 땅에서 여호와께서 하나님이심을 인정하고 마음에 새기도록 하라"(우리말성경)라는 모세의 명령(신 4:39)처럼 한글 성경에서도 "인정하다"로 명확히 번역되어 있는 말씀들은 물론, 역시 위에 언급된 호세아 6장 6절, 13장 4절을 포함하여 "하나님을 네 아버지로 **알고**(acknowledge) 온 마음을 드리며 기꺼이 그분을 섬겨라"(우리말성경)라며 다윗이 솔로몬에게 건넨 교훈(대상 28:9)이나 "너희 먼데 있는 자들아 나의 행한 것을 들으라 너희 가까이 있는 자들아 나의 권능을 **알라**(acknowledge)"라고 하나님께서 이사야 선지자의 입을 통해 전하신 지명(사 33:13)과 같이 "알다"로 번역되어 있는 여러 구절들 가운데 실제로는 하나님을 "인정"하라는 의미인 권고나 명령이 성경에 상당수 기록되어 있음도 유의해 볼 만한 일입니다.

"누구든지 사람들 앞에서 나를 시인하면 나도 하늘에 계신 내 아버지 앞에서 그를 시인할 것이다"(우리말성경)라는 마태복음 10장 32절(눅 12:8)과 "누구든지, 아들을 부인하는 사람은 아버지를 모시고 있지 않는 사람이요, 아들을 시인하는 사람은 아버지를 모시고 있는 사람입니다"(표준새번역)라고 한 요한일서 2장 23절(요일 4:15), 그리고 "우리가 참고 견디면 또한 그와 함께 다스릴 것이요, 우리가 그를 부인하면 그도 또한 우리를 부인하실 것입니다"(표준새번역)라는 디모데후서 2장 12절 등의, 예수님에 대한 시인이나 부인 같은 우리의 행위에 따라 주님께서도 합당한 보응을 하신다는 데에 방점을 둔 말씀이 있는가 하면, "누구든지… 나와 내 말을 부끄러워하면 인자도 아버지의 영광으로 거룩한 천사들과 함께 올 때에 그 사람을 부끄러워하리라"라고 기록된 마가복음 8장 38절(눅 9:26)처럼 예수님과 그 말씀에 대한 인정을 부끄럽게 여기는 태도에 대해 특히 경계하는, 우리의 각별한 유념을 요구하는 구절들도 성경에는 역시 존재하지요.

"하나님을 인정한다"는 말에 "하나님이 존재하심을 믿는다"는 의미가 상당 부분 포함되어 있는 것은 사실이지만, 미국의 뛰어난 야구 선수였던 게리 셰필드(Gary Sheffield)가 고백한 "늘 하나님이 존재한다는 사실을 인정은 해 왔지만 그러면서도 그 생각대로 살지는 못했다"라는 말을 되짚어 보면, 비록 머릿속으로 하나님이 계시며 그분을 인정해야 한다는 생각을 하고 있더라도 그것이 그다지 큰 의미는 갖지 못함을 깨닫게 됩니다.

우리의 삶이 진행되는 실제 현장은 주님을 제대로 알지 못하고 또 사랑하지도 않는, 게다가 하나님만 의지하며 신뢰하는 것이 어리석고 무의미한 일이라고 매 순간 우리 귀에 속삭여 대는 세상 한복판인 데다, 삶에서 처하게 되는 여러 가지 외적 요인들(질병, 물질적 결핍, 불확실한 미래)과 내적인 문제들(탐욕, 자만, 이기심 등이 빚어내는)에 시달리며 매일을 살다 보면 진정한 의미에서 하나님을 인정하는 일은 막연한 관념으로 그칠 수도 있기 때문입니다. 그렇기에 야고보서 2장 19절은 "당신은 하나님이 한 분이심을 믿고 있습니다. 그것은 잘 하는 일입니다. 그런데 귀신들도 그렇게 믿고 떱니다"(표준새번역)라는 말로, 유일하신 하나님의 존재를 믿는 것만으로는 "귀신과의 차별화"조차 되지 않는다고 경고하는 것입니다.

그런 우려스런 상황과 관련하여 하나님은 "너는 거짓의 한가운데 살고 있다. 그들은 거짓으로 인해 나를 인정하기를 거절한다"(우리말성경)라는 예레미야 9장 6절과 "이 땅에는 진실도 없고, 인애도 없고, 하나님을 아는 지식도 없다"(표준새번역, 새번역)라는 호세아 4장 1절의 말씀을 통해 한탄하셨으며, 그러한 패악의 결과가 "그렇기 때문에 땅은 탄식하고, 주민은 쇠약해질 것이다. 들짐승과 하늘을 나는 새들도 다 야위고, 바다 속의 물고기들도 씨가 마를 것이다"(표준새번역, 새번역)라는 호세아 4장 3절의 예언에서 참혹한 모습으로 가시화되어 있기도 합니다.

노벨문학상을 수상했던 러시아의 소설가 알렉산드르 솔제니친(Aleksandr Solzhenitsyn)은 "인간에게 경험되는 모든 비극은 인간이 하나님을 **인정**하지 않고 **떠나** 살기 때문이다"라는 의미심장한 말을 남겼는데, 여기에서의 "인정하다"는 표현도 단지 하나님이 계시다는 사실을 알고 긍정하는 태도만을 뜻하는 것이 아님은 "떠나 살다"라는 말에 의해 반증되는 부분이라 여겨집니다.

하나님을 "아는 지식"이 단순히 지적이고 이성적인 앎만을 의미하는 것이 아니듯 하나님을 "인정하는 일" 역시 그저 하나님의 존재를 알고 납득하는 '마음 상태'만을 의미할 수 없는바, 하나님이 자신의 주님이심을 진실로 인정하는 사람이라면 "내 안에 거하라 나도 너희 안에 거하리라 가지가 포도나무에 붙어 있지 아니하면 스스로 열매를 맺을 수 없음 같이 너희도 내 안에 있지 아니하면 그러하리라"라는 요한복음 15장 4절 말씀이 가시적으로 보여 주듯, 주님이라는 나무에 늘 "붙어" 있으면서 주님을 "떠나지 않는 삶"으로 증명하게 될 것임이 분명합니다.

위에서 언급한 잠언 3장 6절의 "너는 범사에 그를 인정하라 그리하면 네 길을 지도하시리라"라는 말씀에서의 "길(paths)"도 어쩌면 누군가에게는 '부담스러운' 길로 여겨질 수 있을지 모릅니다. 하나님의 주님 되심(Lordship)을 완벽히 인정하며 순종하기 어렵다면, 그분께서 우리의 마음 안에 주시는 지도와 지침이 세상적 통념이나 보편적 상식과 충돌할 경우 그 "길"을 따르는 일은 힘들고 불편한 '의무'로 느껴질 수밖에 없을 테니까요.

앞에 소개된 『영적 분별력』이라는 책에서 "하나님이 안 된다고 말씀하시면 정말 들을 마음이 있는가"라는 말로 하나님을 인정한다고 쉽게 공언하는 이들에게 던져진 뼈아픈 질문도 그러한 사실에 근거한 도전일 것입니다.

"하나님을 아는 지식을 가로막는 모든 교만을 쳐부수고, 모든 생각을 사로잡아서, 그리스도께 복종시킵니다"(표준새번역, 새번역)라고 하여 하나님을 정확히 "아는 지식"을 바탕으로 "생각을 복종시키는"

삶을 권면하는 고린도후서 10장 5절은, 하나님의 주님 되심을 인정하는 올바른 자세의 표본으로 삼기에 최적화된 말씀일 듯합니다.

 지금까지 살펴본 바에 따르면 "하나님을 인정한다"는 것은 결국 "늘 주님의 가까이에 붙어 떠나지 않으면서 그분께서 인도하시는 길을 따라 순종하는 자세"라고 요약될 수 있을 텐데, 사도 바울이 위의 말씀을 통해 의미하고 있는 "하나님을 아는 지식"은 곧 "주님을 떠나지 않는 **삶**"이 선사하는 지식(하나님과 그분의 말씀에의 친밀함을 통한 경험적이고 인격적인 앎)이며, "모든 생각을 사로잡아 그리스도께 복종시킨" 상태란 바로 "그분께서 지도하시는 **길**을 따라 순종하는" 상태를 의미하는 것이니 말입니다.

 영어의 "acknowledge"라는 단어가 ac(ad: 더하다)와 knowledge(지식)라는 두 개의 낱말이 결합되어 만들어진 동사임을 고려할 경우, "인정한다"는 것은 "지식(앎)을 더한다"는 의미로도 해석 가능한 개념이 됩니다. 이와 같이 "아는" 것과 "인정하는" 일 사이에 긴밀한 연관성이 존재하는 만큼, 더 잘 알면 알수록 더욱 확실히 인정하는 자세를 보이게 됨을 지극히 자연스런 귀결이라 해야겠지요. "하나님을 알라"라는 앞 장의 글에서 다루었듯 하나님을 "아는" 지식이 인격적 '친밀함'에 근간을 둔다는 것은, "알다"라는 뜻의 히브리어 동사 "야다(עָדַי: yāḏa)"가 "아담이 그의 아내 하와와 동침하매(Adam *knew* Eve his wife; KJV)"라는 문장(창 4:1)에서 "동침"의 의미로 쓰였을 만큼 친밀함의 극치를 표현하는 어휘라는 사실로도 확인되는 바입니다.

 우리가 하나님을 알든 모르든, 인정하든 인정하지 않든, 아무런 차이가 없으신(행 17:25) 지존의 하나님이 우리에게 당신을 "알라", "인정하라"고 성경을 통해 그토록 반복적으로 말씀하시는 이유가 오직 우리와의 친밀한 관계를 원하시는 그분의 사랑에서 비롯된 일임을, 잊지 말고 늘 기억해야 하겠습니다.

20

하나님을 인정하라(2)

제가 무척 아끼며 즐겨 읽는 기독교 서적 가운데에는 후안 카를로스 오르티즈(Juan Carlos Ortiz) 목사님의 『제자입니까』(Disciple)라는 '급진적' 내용의 책이 포함되어 있습니다.

책의 거의 전 부분이 하나님의 주권에 대한 인정과 경외, 그에 따른 순종의 자세를 강권하는 주제의 글들로 점철되어 있어 '급진적(radical)'이라는 표현을 사용한 것인데, 오늘날 많은 신자가 이해하는 복음은 "제 5복음"인 "내가 복음"이라고 개탄하며 "우리의 마음 문 앞에 서서 애처롭게 문을 두드리시는 예수님이 가엾어서라도 그분을 받아들여야 한다"는 식의 말씀(계 3:20) 해석과 전도 방법을 호되게 비판하는 첫 장에서부터 읽는 이들은 철저한 회개와 자성을 피할 수 없게 됩니다.

그러나 앞 장에서 다루었던 것처럼, 하나님의 주권을 '인정'하는 일은 단순히 머릿속에서 이루어지는 긍정이나 수긍 정도의 가벼운 개념이 아니며, 요즘 사람들 사이에서 "인정!"이라고 쉽게 말하는, 마치 상대방에게 "졌다!"라며 두 손 들고 건네는 식의 장난스런 행동일 수는 더더욱 없습니다.

성경의 말씀을 통해 우리에게 교훈되는 하나님의 주님 되심에 대한 '인정'이란 주님을 아는 **지식**(앎)에 기반을 둔 마음 자세이자 실제의 **삶**으로 증명되어야 하는, 깊은 의미와 무게감을 가진 행위이기 때문입니다.

"인정한다"는 말이 "가치를 깨닫다" 혹은 "감사하다"는 의미로 정의될 수 있음을 앞 장에서도 언급했었듯, 실제로 하나님을 인정하는 일에는 우리에게 필요한 모든 힘과 능력, 지혜와 통찰력을 제공하시는 분이 바로 하나님이라는 사실을 깨닫고 감사하는 행위가 포함되지 않을 수 없습니다. 더욱이 하나님이 우리 삶에 존재하는 모든 희망과 가능성의 원천임에 대한 이 같은 수긍과 감사는 하나님이 아니시면 그 모든 것이 존재조차 할 수 없다는 자각으로 이어지면서, 우리 자신의 무력함과 하나님에의 전적 의존성을 자인하는 겸손의 원천으로도 작용하게 됩니다. 하나님의 전능하심과 무한하신 은혜를 확고히 인정할수록 스스로의 무능력과 연약함을 분명히 시인하는 겸양도 그에 비례하게 된다는 이야기지요.

"겸손하고 여호와를 경외하는 사람은 부와 명예와 생명을 얻게 된다"(우리말성경)라는 잠언 22장 4절이 겸손과 주님에 대한 경외의 연관성을 시사하며 독려하는 말씀이기는 하지만, 이보다 훨씬 강력한 메시지를 담은 빌립보서 2장 6-8절은 "그분은 하나님의 모습을 지니셨으나, 하나님과 동등함을 당연하게 생각하지 않으시고, 오히려 자기를 비워서 종의 모습을 취하시고, 사람과 같이 되셨습니다. 그는 사람의 모양으로 나타나셔서, 자기를 낮추시고, 죽기까지 순종하셨으니, 곧 십자가에 죽기까지 하셨습니다"(표준새번역)라고 증언함으로써, 하나님과 동등하신 신성이시면서도 인간의 몸으로 태어나 십자가에 못박히기까지 하신 예수님의 겸손과 경외, 순종의 극치를 실례(實例)로 들고 있는 구절입니다.

앞 장에서 소개되었던 "너는 범사에 그를 인정하라 그리하면 네 길을 지도하시리라"라는 잠언 3장 6절이 당신을 "인정"하는 사람에게 "길"을 지도하시겠다는 하나님의 약속이라면, "여호와를 경외하는 자 누구냐 그가 택할 길을 그에게 가르치시리로다"라는 시편 25편 12절은 당신을 "경외"하는 이들에게 "길"을 가르치시겠다는 하나님으로부터의 약속이기에, 이 두 말씀의 연계성을 통해 입증되는 "하나님에 대한 인정"과 "그분에의 경외" 사이의 상호 관계, 그리고 그 행위들에 따른 보상인 "하나님에게서 '길'을 지도 받는 은혜" 간에 형성되는 세 요소의 상관관계가, 삼단논법이라는 수학적 논리에 의해서도 입증되고 있다 하겠습니다.

한편, "만들어진 것이 만드신 분에게 '그가 나를 만들지 않았어!'라고 말할 수 있느냐? 빚어진 것이 그것을 빚으신 분에게 '그는 아무것도 몰라!' 하고 말할 수 있느냐?"(우리말성경), "진흙이 토기장이에게 '너는 도대체 무엇을 만들고 있는 거냐?' 하고 말할 수 있겠으며, 네가 만든 것이 너에게 '그에게는 손이 있으나마나다!' 하고 말할 수 있겠느냐?"(표준새번역, 새번역)라고 힐문하는 이사야 29장 16절과 45장 9절 등도 본 주제와 긴밀하게 연결되는 말씀입니다.

역시 같은 맥락에서 "나와 그대가 하나님 앞에서 동일하니 나도 흙으로 지으심을 입었은즉", "여호와여, 주는 우리의 아버지십니다. 우리는 주의 진흙이고 주는 토기장이십니다. 우리는 모두 주의 손이 만드신 작품입니다"(우리말성경)라고 고백하는 욥기 33장 6절과 이사야 64장 8절처럼, 우리와 하나님의 위치를 진흙과 토기장이로 대비시키면서 주님에 대한 인정과 경외의 당위성을 강조하는 구절들이 성경에서는 종종 발견 되는데, 이 같은 비유의 근거를 찾아 올라간다면 "여호와 하나님께서 땅에서 취하신 흙으로 사람을 빚으시고"(우리말성경)라며 하나님이 직접 흙으로 사람을 빚으셨음을 증거하고 있는 창세기 2장 7절의 말씀에까지 다다를 수 있을 것입니다.

"주의 손이 나를 만들고 지으셨으니"(우리말성경)라는 시편 119편 73절과 "주님께서 내 장기를 창조하시고, 내 모태에서 나를 짜 맞추셨습니다"(새번역)라는 시편 139편 13절의 말씀대로 여호와 하나님을 자신의 창조자로 인정한다면, "이스라엘 족속아 이 토기장이가 하는 것 같이 내가 능히 너희에게 행하지 못하겠느냐 이스라엘 족속아 진흙이 토기장이의 손에 있음 같이 너희가 내 손에 있느니라"라는 예레미야 18장 6절의 말씀으로 분명하게 주권을 선포하고 계신 하나님께 경외와 순종을 바치는 일은 자연스레 도출되어야 할 반응이겠지요.

진흙과 토기장이의 비유를 통해 하나님이 전하시려는 핵심 메시지는 당신께서 우리 **인생**에 절대적 **권리**를 갖고 계시다는 사실일 것입니다. 토기장이가 흙으로 그릇을 만들 때 어떤 용도로 사용될 어떤 모양의 그릇을 빚을 것인지는 전적으로 그의 뜻에 달려 있으며, 진흙에게 아무런 선택권이나 결정권이 없음은 너무도 당연한 일이니까요.

이는 "토기장이가 진흙 한 덩이로 하나는 귀히 쓸 그릇을, 하나는 천히 쓸 그릇을 만들 권한이 없느냐"라는 로마서 9장 21절 말씀에 의해서 또한 확인되는 바임에도, 우리 인간이 얼마나 자신의 본분을 잊고 하나님의 주님 되심을 인정하지 않았기에 위에서 인용된 구절들(사 29:16; 45:9) 앞에 "너희가 일들을 뒤집어엎어 마치 토기장이를 진흙처럼 생각하고 있구나"(우리말성경), "질그릇 가운데서도 작은 한 조각에 지나지 않으면서, 자기를 지은 이와 다투는 자에게는 화가 닥칠 것이다"(표준새번역, 새번역)라는 꾸중까지 덧붙이신 것일지 민망함과 송구함을 감추기 어렵습니다.

"토기장이의 항아리가 깨져서 산산조각이 나듯이, 너희가 그렇게 무너져 내릴 것이다"(새번역)라는 이사야 30장 14절과 "사람이 토기장이의 그릇을 한 번 깨뜨리면 다시 완전하게 할 수 없나니 이와 같이 내가 이 백성과 이 성읍을 무너뜨리리니"라는 예레미야 19장 11절 등에 패역한 이스라엘에게 보내는 하나님의 두려운 경고가 기록되어 있긴 하지만, 사실 이것은 끝끝내 부술 수밖에 없는 상황이 되기 전에 지금이라도 돌아오라고 하시는 자비의 설득일 뿐, 진심으로 그들을 깨뜨리고 무너뜨리겠다고 작정하신 저주의 선고였을 리 없습니다.

늦게라도 깨닫고 주님에게 전권을 내어 드리는 사람은 하나님이 직접 그 삶에 간섭하시고 한 단계씩 변화시키면서 당신이 보기에 좋으신, 전혀 다른 새 그릇으로 만들어 내실 것이기 때문입니다. "진흙으로 만든 그릇이 토기장이의 손에서 터지매 그가 그것으로 자기 의견에 좋은 대로 다른 그릇을 만들더라"라는 예레미야 18장 4절의 말씀이 시사해 주고 있듯 말이지요.

율법주의자였던 사울이 "은혜주의자" 바울로 거듭나는 계기가 되었던 "사울아, 사울아, 네가 왜 나를 핍박하느냐? 가시 채찍을 뒷발질해 봐야 너만 다칠 뿐이다"(우리말성경)라는 주님의 질책(행 26:14)

은 하나님의 주권과 우리의 인정 간의 관계에 대한 진지한 고찰을 요구합니다. 이 말씀에서의 "가시 채찍을 뒷발질하기"라는 표현은 고대 그리스와 라틴 문화권에 널리 알려져 있던 속담 형식의 어구이며, 이 문구에 등장하는 "가시채/가시 채찍(κέντρον: kentron)"은 가축(주로 소)을 몰기 위해 쓰는 뾰족한 막대기, 혹은 쇠나 뼈를 끝에 박은 채찍을 가리킨다는데, 쟁기질을 할 때 앞을 향해 똑바로 가지 않는 가축의 엉덩이를 이것으로 찌르고 때리면 고집 센 가축들은 도리어 뒷발질을 한다고 합니다.

하지만 그런 식의 반항은 더 고통스런 체벌이 가해지는 결과를 자초할 뿐이기에, 결국 이 구절은 "나에게 대적하는 행동은 어리석고 무모하며, 네게 해를 주는 일에 불과하다"라는 의미를 전하기 위한 말씀으로 볼 수 있겠지요.

당시의 사울은 자신이 결코 맞설 수 없을 하나님의 주권을 인정하였고, 그럼으로써 "사울의 눈에서 비늘 같은 것이 떨어져 나가고, 그는 시력을 회복하였다"(표준새번역, 새번역)라는 사도행전 9장 18절의 간증처럼, 하나님의 아들에 대한 무지와 부인, 불순종의 삶에서 벗어나(**비늘** 같은 것이 떨어져 나가고) 주님을 알고 인정하며 순종하는(**시력**을 회복한) 바울로 거듭나게 되었던 것입니다.

하나님의 뜻은 늘 선하시며 우리에 대한 그분의 계획이 완벽하다는 것만 확신한다면, 하나님이 자신을 어떤 용도와 모양의 그릇으로 빚으실지에 대한 염려나 두려움 없이 주님의 손에 전권을 맡기는 일이 그리 어렵지 않을 수 있을 것입니다. 이러한 자세가 바로 주님의 주님 되심에 대한 인정인 동시에, 그 결과로 발현되는 경외와 겸손의 자세이기도 하겠지요.

하나님의 강하심에 대한 인정이 스스로의 연약함에 대한 시인으로 이어지는 단초임을 책의 시작 부분에서 지적했듯, 주님의 권위에 대한 인정의 소산인 경외와 겸손의 자세는 믿는 자만이 누릴 수 있는 크나큰 축복이라 하겠습니다.

"우리가 이 보배를 질그릇에 가졌으니 이는 심히 큰 능력은 하나님께 있고 우리에게 있지 아니함을 알게 하려 함이라"라며 희망과 격려의 메시지를 전하는 고린도후서 4장 7절에서의 "우리" – 깨지기 쉬운 질그릇인 – 안에 담겨져 있는 "보배"가 바로 "하나님의 영광을 아는 빛(고후 4:6)"이라는 사실을 생각하면, "주의 영광을 아는 지식"(합 2:14), 또한 그와 같은 맥락의 개념인 "주님의 권능에 대한 인정"(사 33:13)이 곧 우리의 힘이자 보배임을 다시금 확인하게 됩니다.

"내가 살아 있으니, 모든 무릎이 내 앞에 꿇을 것이요, 모든 입이 나를 하나님으로 고백할 것이다"(표준새번역)라고 선포하시는 (롬 14:11; 사 45:23) 하나님은, 비록 약하고 부족하지만 당신을 인정하는 일에서만은 부족함이 없는 사람들에게 "그가 나를 사랑하니 내가 그를 구하리라. 그가 내 이름을 알았으니 내가 그를 높이 올리리라"(우리말성경), "보라, 내가 네 앞에 열린 문을 두었으니 아무도 그 문을 닫을 수가 없다. 이는 네가 힘이 약한 가운데도 내 말을 지키고 내 이름을 부인하지 않았기 때문이다"(우리말성경)라는 말씀(시 91:14; 계 3:8)을 약속으로 주셨습니다.

우리를 높이 올려 주시고 아무도 닫을 수 없는 문을 앞에 열어 두시는 주님의 놀라운 은혜가, 하나님과 그분의 이름을 인정하며 겸손과 순종의 삶을 사는 모든 이에게 주어질 믿을 수 없는 축복인 것입니다.

21

하나님을 경외하라

"하나님에 대한 경외"를 주제로 한 크레이그 그로쉘 목사의 설교에 따르면, 미국 갤럽의 한 조사 결과 신의 존재를 믿는다고 답한 미국인이 전체 인구의 94퍼센트 차지한 한편, "하나님에 대한 경외"라는 말의 의미를 정확히 알지 못한다는 반응도 그들 대다수에게서 나타났다고 합니다.

이렇듯 "하나님의 존재를 믿는다고 말하면서도 실제로는 그분이 존재하지 않는 것처럼 사는 사람들"을 "실질적 무신론자(practical atheist)"라고 명명한 그로쉘은, "하나님의 은혜는 원하지만 훈육은 원하지 않으며 축복은 원하면서도 고난은 원하지 않는" 이 같은 태도가 "하나님의 이런 면은 원하지만 저런 면은 원하지 않는다", 혹은 "나는 이러저러한 형태의 하나님만을 원한다"라고 대놓고 말하는 것과 마찬가지라며 안타까움을 표하기도 했습니다.

"경외(敬畏)하다"라는 말을 글자 그대로 풀이하면 "공경하며 두려워하다"라는 뜻이 될 것으로, 한자 표기에 "두려워할 외(畏)"자가 들어가니 "두려워한다"는 뜻이 포함됨이야 당연한 일이겠지만 이때의

"두렵다"는 말은 무섭다거나 겁난다는 의미라기보다 "떨리는 마음이 생긴다" 혹은 "놀랍게 여겨진다"라는 어감이 더 강한 것으로 볼 수 있는 어휘입니다. "두려움"을 표현할 때 주로 사용되는 영어 단어 "fear"도 사람 아닌 하나님을 대상으로 쓰일 경우 "떨리는 마음으로 탄복하다", "놀라워하며 경탄하다"라는 뉘앙스의 "awe"나 "revere"로 이해해야 올바르듯 말이지요.

이 사실들을 한데 묶어 정리해 본다면, "제자들은 두려움과 놀라움 속에서 서로 말했습니다"(우리말성경), "사람들이 다 하나님의 위엄에 놀라니라"라고 기록된 누가복음 8장 25절(마 8:27; 막 4:41)과 9장 43절에서의 "두려움"과 "놀라움", 즉 "경건한 두려움(a reverent awe)"이 "경외"의 가장 적절한 정의라고 요약될 수 있겠습니다.

"온 땅은 여호와를 두려워하며 세상의 모든 거민들은 그를 경외할지어다"라는 시편 33편 8절과 "너희는 만군의 여호와 그분을 거룩하다고 여겨야 한다. 너희가 두려워하고 떨어야 할 분은 다름 아닌 그분이시다"(우리말성경)라고 한 이사야 8장 13절이 "두려움"과 "떨림"으로 하나님을 경외하는 자세에 대한 권면의 말씀이라면, 하나님께서 홍해와 요단강의 물을 마르게 하신 이유를 두고 "그렇게 하신 것은, 땅의 모든 백성이 주의 능력이 얼마나 강하신가를 알도록 하고, 우리가 영원토록 주 우리의 하나님을 경외하도록 하려는 것이다"(표준새번역)라고 설명하는 여호수아 4장 24절은 경외와 찬양의 대상이신 주님이 우리 삶에 베풀어 주신 크고 작은 '기적'이 그분의 놀라우신 능력에 탄복하며 스스로의 한계를 인식하도록 허락된 은혜임을 알려 주는 구절에 해당합니다.

"아버지가 자식을 긍휼히 여김 같이 여호와께서는 자기를 경외하는 자를 긍휼히 여기시나니"라는 시편 103편 13절이나 "오 주의 선함이 얼마나 크신지요! 주를 경외하는 사람들을 위해 예비하신 주의 선하심이 얼마나 크신지요!"(우리말성경)라는 시편 31편 19절 등이 사랑의 그리고 자비의 하나님께서 당신을 경외하는 사람들을 긍휼히 여기며 모든 좋은 것을 예비해 두셨음을 증거하고 있듯, 말씀으로 우주를 지으신 무소불위의 하나님께서 먼지에 불과한 나를 – "그가 우리의 체질을 아시며 우리가 단지 먼지뿐임을 기억하심이로다"(시 103:14) – 진정으로 귀하게 여기며 사랑하신다는 사실을 깨닫는다면 그 은혜에 진심 어린 경외와 순종으로 보답하지 않을 수가 없겠지요.

"그러므로 이제는 여호와를 경외하며 성실과 진정으로 그를 섬길 것이라"(개역한글)라는 여호수아 24장 14절과 "오직 그를 경외하며 너희의 마음을 다하여 진실히 섬기라"라는 사무엘상 12장 24절의 말씀이 우리에게 권고하듯 말입니다.

하나님에의 경외와 지혜의 관계를 논할 때 자주 언급되곤 하는 잠언 9장 10절과 욥기 28장 28절의 "여호와를 경외하는 것이 지혜의 근본이요 거룩하신 자를 아는 것이 명철이니라", "주를 경외함이 지혜요 악을 떠남이 명철이니라"라는 말씀이나 "여호와를 경외하는 것이 지식의 근본이거늘 미련한 자는 지혜와 훈계를 멸시하느니라"라고 지적하는 잠언 1장 7절 등이 "하나님에의 경외"와 "지식/지혜"를 서로 연결시켜 제시하고 있는 구절들인 한편, "여호와를 경외함이 지혜의 근본이라 그의 계명을 지키는 자는 다 훌륭한 지각을 가진 자이니 여호와를 찬양함이 영원히 계속되리로다"라고 선포한 시편 111편 10절은 그에서 한발 더 나아가 "경외"와 "지혜" 그리고 "찬양" 사이의 연결 고리까지 드러내 보여 주는 말씀입니다.

하나님에 대한 경외를 주제로 한 "오늘의 양식"의 글들 중 "감사하는 마음을 바탕으로 진심을 다해 하나님을 **공경**하며 **찬양**하면 우리의 삶 안에서 **지혜**가 실제로 작동되기에, 주님에 대한 공경과 찬양은 세상 지식의 정도와 관계 없이 그 자체로서 우리를 지혜롭게 한다"라고 서술된 내용도 이와 궤를 같이 하는 것으로, 위에서 언급된 구절들(잠 1:7; 9:10)의 "여호와를 경외하는 일에서 지식과 지혜가 시작된다(begin)"는 단언 역시 하나님에 대한 감사와 공경, 찬양 같은 겸손의 자세에서 진정한 지식과 지혜가 비롯됨을 의미하는 것입니다. "스스로 지혜롭다고 여기지 말고, 주님을 경외하며 악을 멀리하여라"(표준새번역, 새번역)라는 잠언 3장 7절(롬 1:22)이나 "여호와를 경외하는 것이 지혜 있는 훈계며 겸손함이 있어야 영광이 따른다"(우리말성경)라고 하는 잠언 15장 33절처럼 교만을 경계하고 겸손을 격려하는 말씀들 또한 이 사실을 재확인해 주고 있지요.

"지혜"라는 개념을 한마디로 정의하면 "활용된 지식(applied knowledge)", 즉 머릿속의 지식이 실제의 삶에서 활용된 형태라고 할 수 있는데, 이 정의를 경외라는 주제에 대입해 볼 경우 "하나님을 경외함이 지혜(= 활용된 지식)이다"라는 문장으로부터 "하나님을 아는 지식이 실제 삶에서 활용(= 지혜) 되면 그것이 곧 하나님에의 경외로 나타난다"라는 결론이 도출됩니다.

이와 같은 사실은, "지식을 불러 구하며 명철을 얻으려고 소리를 높이며… 감추어진 보배를 찾는 것 같이 그것을 찾으면 여호와 경외하기를 깨달으며 하나님을 알게 되리니"라는 잠언 2장 4-5절이나 위에서 언급된 "여호와를 경외하는 것이 지혜의 근본이요 거룩하신 자를 아는 것이 명철이니라"라는 잠언 9장 10절처럼, "하나님을 아는 지식"과 "여호와에 대한 경외(지혜)"의 양시(兩是) 개념에 의해 입증될 뿐더러, "대저 너희가 지식을 미워하며 여호와 경외하기를 즐거워하지 아니하며"라는 잠언 1장 29절같이 그 두 요소의 양비(兩非) 개념에 의해 반증되어 있기도 합니다.

"여호와를 경외하는 것은 악을 미워하는 것이라"라는 잠언 8장 13절의 말씀에서 알 수 있듯, 하나님에 대한 경외는 책에 적힌 개념이나 원칙이 아니라 우리의 실제 삶 속에서 느끼게 되는 감정이기도 합니다. 악을 "미워하는" 일이 실제적 느낌인 것과 마찬가지로 여호와를 "경외하는" 일도 그에 다름 없는 감정일 수 있다는 말이지요.

"그가 여호와를 경외함으로 즐거움을 삼을 것이며 그의 눈에 보이는 대로 심판하지 아니하며 그의 귀에 들리는 대로 판단하지 아니하며"라는 이사야 11장 3절이 하나님에의 경외를 "즐거움"이라는 긍정적 감정과 연결해 제시한 구절이라면 "바른길을 걷는 사람은 주님을 경외하지만, 그릇된 길을 걷는 사람은 주님을 경멸한다"(표준새번역, 새번역)라는 잠언 14장 2절은 같은 경외를 "경멸"이라는 부정적 감정과 대비하며 제시한 말씀입니다.

하나님보다 쾌락을 더 사랑하는 '지혜롭지 못한' 사람들과는 달리, 하나님을 경외하기에 악을 멀리하는 '지혜자'들은 하나님의 마음을 살피며 그분이 원하시는 일을 찾고자 애쓸 것입니다. 믿는 이들이 하나님께 죄를 짓지 않으려고 노력하는 근본적 이유가 "경외할 분은 오직 하나님뿐이십니다. 주께서 한번 노하시면 누가 주 앞에 서겠습니까?"(우리말성경)라는 시편 76편 7절의 말씀처럼 – 또한 "그분의 분노는 너무도 두렵고(awful) 그분의 사랑은 너무도 놀랍다(awesome)"라는 크레이그 그로쉘의 설교 메세지와 같이 – 하나님의 노하심이 두려워서라고도 말할 수 있지만, 그보다는 하나님의 분노와 사랑이라는 두 요소 가운데 후자인 "놀라우신 사랑"에 대한 감사와, 그런 사랑을 주신 하나님을 기쁘게 해 드리고 싶은 소망으로서의 악을 "미워하는" 마음이 더욱 큰 동기로 작용하지 않을까 생각합니다.

이사야 6장 1-8절은 하나님에 대한 진실한 경외가 우리 삶의 모습을 어떻게 변화시키는지 명확하게 예시하고 있는 말씀으로, 성결하고도 거룩하신 주님의 보좌 앞에서 입술이 부정한 자신의 '실체'를 깨닫고 "망하게 되었다", "죽게 되었다"라고(사 6:5) 탄식하던 이사야가 제단의 숯으로 입술이 정결해지고 나자(사 6:6-7) "내가 누구를 보낼까? 누가 우리를 위해 갈까?"(우리말성경)라는 주님의 음성에 "제가 여기 있습니다. 저를 보내 주십시오"(우리말성경)라고(사 6:8) 곧바로 반응할 만큼 태도가 급변하는 모습을 보여 줍니다.

부정한 자신이 만군의 여호와를 직접 뵈었다고 두려움에 떨며 했던 "망하게 되었다", "죽게 되었다"라는 말은 영어 성경에서도 "ruined" 또는 "doomed"라고 표현되어 있지만, 숯이라는 정화의 도구에 의해 "악이 사라지고 죄가 사해지고" 난 후(사 6:7)의 이사야는 스스로 사명을 감당하겠다고 주저 없이 자원하는 전혀 다른 인격체로 거듭나는데, 이는 또한 다메섹 도상에서 주님을 만난 사울이 앞이 보이지 않는 – "망하게" 된 – 상황을 거쳐 진정한 경외심과 영적 시력을 회복한 후 완전히 달라진 "사명자" 바울로 거듭났던 일에도 비유될 만한 경우일 것입니다.

주님을 인격적으로 만나 그분의 참모습을 알게 되면 우리 삶의 모습도 달라질 수밖에 없습니다. 주님에 대한 경외심이 마음 안에 점차 자리를 넓혀 감에 따라 "경건한 두려움"이 무언지도 모르던 과거의 삶으로 다시는 돌아갈 수 없게 되기 때문입니다.

예전에는 "노멀(normal)"이라 생각했던 일들이 더 이상 당연하고 정상적인 일들로 여겨지지 않으며, 예전에 중요하던 것들이 더 이상 중요하지 않게 되는 "뉴노멀(new normal)"의 삶으로 인생 전체의 모습이 변화하는 것입니다.

하지만 이사야처럼 그리고 바울처럼 완전히 새로운 인격체로 변모되기 위해서는, 거룩하고 전능하신 하나님 앞에 추악하며 보잘것없는 스스로의 실상을 처절히 깨닫는 과정, 즉 자신이 "망하게 되었다", "죽게 되었다"는 사실을 절감한 후, 죽은 자를 살려 내시는 주님의 손에서 다시 태어나 순종과 경외의 사람으로 거듭나는 단계를 반드시 거쳐야 합니다.

"그 때에야 나를 애타게 부르겠지만, 나는 대답하지 않겠고, 나를 애써 찾을 것이지만, 나를 만나지 못할 것이다. 이것은 너희가 깨닫기를 싫어하며, 주님 경외하기를 즐거워하지 않으며, 내 충고를 받아들이지 않으며, 내 모든 책망을 업신여긴 탓이다"라고 경고하는 잠언 1장 28-30절의 말씀을 되새기다 보면, 위에 소개된 "그분의 분노는 너무도 두렵고(awful) 그분의 사랑은 너무도 놀랍다(awesome)"라는 설교 내용에서의 "awful"과 "awesome"이라는 두 단어의 의미를 새삼 되짚어 보게 됩니다.

"경외감", "경외하다"라는 뜻의 "awe"에서 파생된 이들 형용사는, 같은 어근(awe)을 가진 단어임에도 단순한 어미의 차이(ful, some) 때문에 전자는 "무시무시한", "끔찍한", 그리고 후자는 "멋진", "근사한"이라는 정반대의 뜻으로 바뀌기 때문입니다.

하나님이 우리에게 "awful God"이 되실지 "awesome God"이 되실지는 저마다 다르게 결정되는 문제겠지만, 그 결정은 하나님 편에 달려 있는 일이 결코 아니며, 온전히 그분에 대한 우리 각자의 태도에 따라 – 어떤 분량의 공경과 감사와 찬양과 겸손으로 다가설지에 따라 – 서로 다른 양상을 띠게 될, 스스로의 선택이 좌우하는 결정임을 기억해야겠습니다.

22

하나님께 순종하라

성경학자인 토마스 L. 콘스타블(Thomas L. Constable)이 자신의 주석서에 "하나님을 두려워하여라. 그분이 주신 계명을 지켜라. 이것이 바로 사람이 해야 할 의무다"(표준새번역, 새번역)라는 전도서 12장 13절을 해설한 부분을 보면, 히브리어 구약성경에는 이 구절에 "의무(duty)"라는 단어가 존재하지 않으며 영어 성경에 – 일부 한국어 성경도 마찬가지지만 – 그렇게 기록된 것은 번역자의 실수 때문이라는 지적과 함께, "이 구절이 말하려는 바는 하나님에의 경외와 순종이 '**인간 본질의 총체**'(the *whole* of man)라는 사실"이라고 분석한 내용이 발견됩니다.

"우리 인간이 창조된 목적 자체가 바로 그 일(경외와 순종)을 위함이며, 같은 장의 1절이 '너는 청년의 때에 너의 창조주를 기억하라'라는 명령어로 시작되는 것도 그러한 사실에 연유하는 만큼, 하나님을 삶의 중심(왕좌)에 앉혀 드릴 때만 인생의 참된 신비가 발견된다는 진리를 빨리 깨달을수록 우리 삶은 그 본질적 모습에 속히 접근하는 복된 인생이 될 수 있다"는 주장 또한 그에 이어지고 있지요.

기독교인들 사이에 널리 읽히는 『목적이 이끄는 삶』(The Purpose Driven Life)에 릭 워렌이 기술한 "우리가 하나님께 순종하는 것은 의무나 두려움, 또는 강요에 의한 것이 아니다. 그분에 대한 사랑과 하나님은 우리에게 가장 좋은 것이 무엇인지 알고 계신다는 믿음에서 순종하는 것이다"라는 글도 이와 연결선상에 위치한 것으로 보아 무방한 주장이 아닐까 싶습니다.

우리가 누군가를 진정으로 사랑한다면 상대가 좋아하는 일을 힘써 하는 동시에 싫어하는 일은 삼가려고 노력하게 될 텐데, 그 경우 우리의 행동은 부담감이 따르는 의무가 아니라 자발적 선택에서 우러나는 기쁨의 행위가 될 것입니다.

기독교인이라는 정체성을 가진 우리가 매일을 사는 '세계'는 비신앙인들의 세상과 전혀 다른 기준과 규칙을 가진, 즉 "주의 뜻 행하기(to do the will of God)"를 삶의 최우선 가치로 삼는 세계이기에, 하나님이 순종을 무엇보다 기뻐하신다며 "순종이 제사보다 낫고, 말씀을 따르는 것이 숫양의 기름보다 낫습니다"(표준새번역, 새번역)라고 선언하는 사무엘상 15장 22절이나 순종 때문에 당신의 "친구"라는 위치에까지 오를 수 있음을 "너희는 내가 명하는 대로 행하면 곧 나의 친구라"라고 알려 주시는 요한복음 15장 14절 등의 말씀에서 삶의 지표를 찾아야 마땅합니다.

"여러분은 죽음에 이르는 죄의 종이 되거나, 아니면 의로움에 이르는 순종의 종이 되거나, 하는 것입니다"(표준새번역)라는 로마서 6장 16절은 "우리가 그 명령하신 대로 이 모든 명령을 우리 하나님 여호와 앞에서 삼가 지키면 그것이 곧 우리의 의로움이니라 할지니라"라고 한 신명기 6장 25절에 뿌리를 두었으리라 짐작되는 말씀으로, 성경이 요구하는 "율법"과 "계명"의 준수가 마음과 생명과 뜻을 다해 하나님께 바치는 '사랑'을 의미하듯, 하나님에게서 "의롭다"는 인정을 얻게 하는 요소 역시 주님에의 사랑에 근거하는 우리의 '순종'임을, 이 구절들에서 말하는 "의로움"의 의미를 통해 재삼 확인하게 됩니다. 이처럼 사랑을 바탕에 두고 기쁨과 자발성을 근간으로 하는 순종의 자세에 대해 논의할 이번 장을 통해, 우리가 삶의 규칙이자 지표로 삼아야 할 순종의 구체적 모습이 어떠해야 하는지 나름대로 정리한 네 가지의 조건을 함께 나누고자 합니다.

첫째, 우리의 순종은 하나님에 대한 **전적 신뢰**에 바탕을 두어야 합니다. 순종이 믿음에 바탕을 두어야 한다는 말은 지극히 당연하다는 이유에서 무심코 간과되기 쉽지만, 진정한 믿음에 바탕을 두지 않은 순종이라면 결국 기쁘고 감사한 특권이 아니라 힘겹고 고통스러운 의무로 전락할 수밖에 없을 것입니다.

신명기 1장 26절에서 "너희는 너희 하나님 여호와의 명령을 거역한 것이다"(우리말성경)라며 이스라엘 백성들을 나무라는 모세가 그런 불순종의 원인으로 들고 있는 것이 바로 "너희는 너희 하나님 여호와를 믿지 않았다"(우리말성경)라는(신 1:32) 근거였으며, "주의 말씀을 지키지 아니하는 거짓된 자들을 내가 보고 슬퍼하였나이다"라는 시편 119편 158절에서의 "말씀을 지키지 아니하는 거짓된 자들"이라는 호칭도 실은 "말씀에 순종하지 않는 믿음 없는 자들(the faithless)"을 의역해 적은 표현에 지나지 않습니다.

"우리는, 그 이름을 전하여 모든 이방 사람으로 하여금 믿어서 순종하게 하려고, 그를 통하여 은혜와 사도의 직분을 받았습니다"(표준새번역)라는 로마서 1장 5절과 "영원하신 하나님의 명을 따라 선지자들의 글로 말미암아 모든 민족이 믿어 순종하게 하시려고"라고 한 같은 책 16장 26절의 "믿어서 순종하게 하다"라는 표현 역시 본래는 "믿음에서 오는 순종(the obedience that *comes from* faith)"을 의미하는 말인 만큼, 순종이 "믿음의 결과물"임을 확인해 주는 이러한 구절들을 통해 우리는, 보다 깊은 믿음에 의해 보다 큰 순종을 이루겠다는 소망을 품도록 고무되고 격려받습니다.

둘째, 우리가 바치는 순종은 **즉각적**으로 이루어져야 합니다. 창세기 22장 3절에서 아브라함은 "다음날 아침 일찍 일어나" 여호와께서 전날 주신 말씀에 즉각 반응함으로써 순종을 시작했습니다. "지체된 순종은 불순종이다(Delayed obedience is disobedience)"라는 유명한 문구가 알려 주듯, 순종은 이처럼 즉각적 명령 실행에 의해 '실효(實效)'가 발생됩니다.

"내가 주의 계명을 지키는 데 신속하고 지체하지 않았습니다"(우리말성경)라는 시편 119편 60절은 이 같은 자세에 대한 직접적 예시로써, 그리고 "너희가 오늘 그의 음성을 듣거든 너희는 므리바에서와 같이 또 광야의 맛사에서 지냈던 날과 같이 너희 마음을 완악하게 하지 말지어다", "지금이야말로 은혜의 때요, 지금이야말로 구원의 날입니다"(표준새번역, 새번역)라고 기록된 시편 95편 7-8절(히 3:7-8, 15; 4:7)과 고린도후서 6장 2절(사 49:8) 등은 동일한 교훈을 우회 제시한 구절들로 설명될 수 있습니다.

예레미야서에는 하나님 앞에서 순종을 다짐했던 이스라엘이 이후 약속을 번복하며 불순종을 범하는 두 번의 사례가 기록되어 있는데, 동족인 히브리인 남녀 종들을 풀어 주겠다고 맹세했던 사람들이 마음을 바꿔 다시 그들을 데려다가 종으로 부림으로써 "너희가 내 이름으로 불리는 집에서, 내 앞에서 언약을 맺었다. 그러나 너희가 또 돌이켜 내 이름을 더럽혔다"(우리말성경)라는 하나님의 꾸중을 듣게 된 34장 15-16절과, "좋든 나쁘든 당신을 보내 간구하고 있는 우리 하나님 여호와의 목소리에 순종할 것입니다"(우리말성경)라고 말씀에의 순종을 맹약했던(렘 42:6) 이들이 "당신은 거짓말을 하고 있소. 주 우리의 하나님께서 당신에게, 우리가 이집트로 가서 머무르게 해서는 안 된다는 말씀을 전하게 하셨을 리가 없소"(표준새번역, 새번역)라며 느닷없이 약속을 뒤집는 43장 2-3절의 사건이 바로 그것입니다.

마태복음 21장 28-31절의 예화에 등장하는 둘째 아들의 경우도 이와 유사하다고 볼 수 있는 사례로, 마땅히 자기가 해야 할 일을 알았고 또 하겠다는 약속까지 했던 그가 실제로는 마음을 바꿔 실행치 않는 우를 범하고 있기 때문입니다. 어쩌면 나중에 여건이 될 때 하기 위해 미루어 두었는지도 모르지만 설령 그렇다 가정하더라도 – "아버지의 뜻을 행하지 않은" 아들로 성경도 간주하고 있듯 – 그처럼 지체된 순종이 불순종임은 결국 마찬가지일 것입니다.

셋째, 순종을 외적으로 드러나는 행위에 국한시키는 일반적 경향에도 불구하고 그보다 더 어렵고 또 중요하다고 할 **내적** 순종, 즉 생각의 순종이 존재함을 기억해야 합니다.

순종이라는 쉽지 않은 길을 걷다 보면 아브라함처럼 행동을 동반한 외적 순종을 해야 할 때가 있을 뿐더러, 아무도 알아 주지 않더라도 그리고 어쩌면 조금 소극적으로 보일지라도 이삭과 같이 자신의 염려와 의심을 속으로 삭이며 묵묵히 아버지의 뜻에 따르는 내면의 순종을 해야 하는 경우도 있을 것입니다.

같은 인간들 사이에서는 드러나는 행위의 순종만이 눈에 띄고 인정 받는 일일 수 있겠지만 모든 상황의 전후 사정을 아시고 우리 내면의 동기를 아시는 하나님은 어느 쪽의 순종이든 구별 없이 기쁜 마음으로 받아 주실 것이라 믿습니다.

18장에서 소개되었던, "하나님을 아는 지식을 가로막는 모든 교만을 쳐부수고, 모든 생각을 사로잡아서, 그리스도께 복종시킵니다"(표준새번역, 새번역)라는 고린도후서 10장 5절처럼 내면의 순종을 직설적으로 권고하는 말씀은 물론, "내 입의 말과 마음의 묵상이 주님 앞에 열납되기를 원하나이다"라고 한 시편 19편 14절같이 자신의 소망과 간구를 담아 시적 예시를 제공하는 말씀들도 이 사실을 뒷받침해 줍니다.

성경에 "마음 할례"의 중요성을 강조하는 구절들이 상당수 존재하는 것도 그러한 이유 때문이 아닐까 합니다. "율법의 조문을 따라서가 아니라, 성령을 따라서 마음에 받는 할례가 참 할례입니다"(표준새번역)라고 기록된 로마서 2장 29절(빌 3:3)을 필두로 "너희는 스스로 할례를 행하여 너희 마음 가죽을 베고 나 여호와께 속하라", "너희는 마음에 할례를 행하고 다시는 목을 곧게 하지 말라"라는 예레미야 4장 4절과 신명기 10장 16절(신 30:6) 등이 마음 할례의 중요성을 강조하는 구절이라면, "목이 곧고 마음과 귀에 할례를 받지 못한 사람들이여, 당신들은 언제나 성령을 거역하고 있습니다"(표준새번역, 새번역)라는 사도행전 7장 51절이나 "내가 몸에만 할례를 받은 사람을 모두 처벌할 것이다… 이는 이 모든 민족들이 할례받지 못했고 이스라엘의 온 집 또한 마음에 할례를 받지 못했기 때문이다"(우리말성경)라는 예레미야 9장 25-26절(레 26:41; 겔 44:9) 등은 그러한 할례를 받지 못한 사람들이 드러내는 불순종의 태도를 문책하고 있는 구절이라 할 것입니다.

넷째, 우리의 순종은 그 완성에 이르기까지 꾸준히 **지속**되어야 합니다.

우리는 때로 순종을 쉽게 결심하고 또 시작하기도 하지만, 그 먼 길을 걷는 가운데 난관에 부딪히거나 예상치 않았던 일이 벌어지면 "이것이 하나님의 뜻이 아니었나" 하는 회의에서부터 "이 정도 했으면 됐지 않을까"라며 스스로를 합리화하는 경우까지, 실제로 우리의 다짐이 용두사미로 끝날 가능성은 수없이 존재할 수 있습니다.

물론 자비의 하나님은 이런 우리를 가엾게 여기고 이해도 해 주시겠지만, 그런 식으로 순종의 연속과 완성에 번번이 실패한다면 하나님이 최종적으로 도달시키시려는 목표점까지 가 닿지 못함으로써 우리를 창조하신 그분의 목적을 스스로 방해하는 결과를 빚게 될 것입니다.

그렇기에 성경은 "우리 주 예수 그리스도 나타나실 때까지 흠도 없고 책망 받을 것도 없이 이 명령을 지키라", "이기는 사람과 내 일을 끝까지 지키는 사람에게는 내가 나라들을 다스릴 권세를 줄 것이다"(우리말성경)라는 지명(딤전 6:14; 계 2:26)을 통해, 그리고 "자기를 낮추시고, 죽기까지 순종하셨으니, 곧 십자가에 죽기까지 하셨습니다"(표준새번역, 새번역)라는 증언(빌 2:8)에 의해, 순종의 '지구력'을 강조하고 있는 것이 아닐까 합니다.

세상의 주류적 흐름을 거역하며 살아가는 신앙인들이 감당할 두 종류의 직분으로 "제자(disciple)"와 "순례자(pilgrim)"를 들고 있는 유진 피터슨은 자신의 저서, 『한 길 가는 순례자』에서 우리가 "아버지의 집"에 이를 때까지 머물 이 세상은 결코 "우리의 집"이 될 수 없다는 사실을 상기시키며 순종의 덕목들을 열거합니다.

내용의 전반을 관통하는 "끈질긴 순종"에의 권면이 집약된 그의 책의 원제, *A Long Obedience in the Same Direction*처럼, 또한 "참고 순종하며 십자가를 지라. 그리하면 마지막에는 그 십자가가 너를 져 줄 것이다"라는 토마스 아 켐피스(Thomas a Kempis)의 감동적인 격려와 같이, "인내를 온전히 이루라", "인내로써 우리 앞에 당한 경주를 하며 믿음의 주요 또 온전하게 하시는 이인 예수를 바라보자"라고 한 야고보서 1장 4절과 히브리서 12장 1-2절의 말씀에 순종하여 믿음의 길을 끝까지 달려가다 보면(딤후 4:7), 그 순종이 습관인 양 수월해지는 순간도 언젠간 오지 않을까 하는 '원대한' 희망을 품어 봅니다.

23

하나님을 사랑하라

중고교 시절 국어 수업 시간에 배웠던 내용을 열심히 기억해 보면 "사랑"이라는 단어의 어원, 즉 중세 국어에서 사용되던 이 어휘의 원형은 "ᄉᆞ랑"입니다.

이 "ᄉᆞ랑"이라는 단어의 원뜻에 대한 연구 가운데 "思量(사량)"이라는 한자어에서의 유래를 추정하는 일부 학자들의 의견을 차치하더라도, 1459년 편찬된 『월인석보』에 "思(생각할 사)"라는 한자의 뜻이 "ᄉᆞ랑훌씨라(사랑하는 것이다)"로 정의되어 있음을 고려하면 15세기 훈민정음 창제 당시 이 "ᄉᆞ랑"이라는 어휘가 愛(love)라는 의미보다 "思(thought)"의 뜻으로 더욱 널리 사용되었음을 알 수 있다고 합니다. 한자어 "사모(思慕)"에서의 "사(思)"가 "사랑하다"라는 뜻으로 사용되고 있음도 이 사실을 방증하는 증거로 간주될 법합니다.

우리가 하나님을 "사랑한다"라고 말할 때 그 "사랑"이라는 개념이 단지 "좋아한다"는 의미의 감정적인 느낌만을 말하는 것이 아님은 이처럼 그 어원에서부터 시사되는 바가 있으며, "사랑"이라는 뜻의 영어 단어 "love"의 어원인 "*leubh*"가 소망하다(desire), "배려하다

(care)" 등의 의미를 바탕으로 "믿음(belief)", "믿다(believe)"라는 어휘들의 형성에 기여했다는 기록 역시 같은 사실을 입증합니다.

천주교 주교인 로버트 배런(Robert Barron)의 "사랑은 감정(feeling)이 아니라 의지(willing)의 문제이다"라는 일성처럼, 사랑이 순간적이거나 일시적일 수 있는 감정에 불과하다면 하나님도 "너는 마음을 다하고 뜻을 다하고 힘을 다하여 네 하나님 여호와를 사랑하라"라며 **뜻**과 **힘**, **마음**을 다해 당신을 사랑하라는 신명기 6장 5절(마 22:37; 막 12:30; 눅 10:27)의 '명령'을 내리시거나, "너희의 하나님 여호와께서 너희가 마음을 다하고 뜻을 다하여 너희의 하나님 여호와를 사랑하는 여부를 알려 하사 너희를 시험하심이니라"라는 신명기 13장 3절(신 10:12; 11:13; 30:6)의 경고처럼 우리가 마음과 뜻을 다해 사랑하는지 '시험'해 보겠다고 예고하지는 않으셨을 것입니다.

"스스로 조심하여 너희의 하나님 여호와를 사랑하라"라는 여호수아 23장 11절과 "네 하나님 여호와를 사랑하고 그의 말씀을 청종하며 또 그를 의지하라"라는 신명기 30장 20절 또한 느낌이나 감정이 아닌 의지적 사랑의 의미를 일깨워 주는 구절일 뿐더러, 구약성경(신 6:5-6; 10:12-13; 11:1, 13, 22; 13:4; 19:9)과 신약성경(마 22:37-38; 막 12:29-31; 눅 10:27; 요 14:15, 21, 23; 요일 5:3) 모두가 주님이 주신 "계명에의 순종"을 하나님에 대한 "사랑의 증거"와 동일시하고 있음은 교차 확인을 가능케 하는 사실이기도 합니다.

이들과 맥을 같이 하면서 "주 너희의 하나님을 사랑하고, 언제나 주께서 지시하시는 길로 가며, 주의 명령을 지키며, 주를 가까이 하고, 너희의 온 마음과 온 정성을 다하여 주를 섬겨라"(표준새번역)라고 명하는 여호수아 22장 5절 역시 하나님에 대한 사랑이 "주님의 지시와 명령 지키기", 그리고 "주님을 가까이 하며 마음과 정성을 다해 섬기기"라는 **의지**적 실천과 동격임을 증거하고 있지요.

하지만 하나님이 성경을 통해 당신에 대한 사랑을 거듭 강조하신 것은 우리로부터의 일방적 사랑을 요구하시는 일이 결코 아닙니다. 신약성경의 여러 구절들에서도 알 수 있듯 먼저 우리를 택하고 사랑해 주신 것은 주님이시기 때문입니다.

"우리가 아직 죄인 되었을 때에 그리스도께서 우리를 위하여 죽으심으로 하나님께서 우리에 대한 자기의 사랑을 확증하셨느니라"라는 로마서 5장 8절(엡 2:4-5)과 "하나님께서는 우리를 사랑하셔서, 하나님 앞에서 거룩하고 흠이 없게 하시려고, 창세 전에 우리를 그리스도 안에서 택하여 주셨습니다"(표준새번역)라는 에베소서 1장 4절을 위시하여, "사랑은 이 사실에 있으니, 곧 우리가 하나님을 사랑한 것이 아니라, 하나님이 우리를 사랑하셔서, 자기 아들을 보내어 우리의 죄를 위하여 화목제물이 되게 하신 것입니다"(새번역), "우리가 하나님을 사랑함은, 하나님께서 우리를 먼저 사랑하여 주셨기 때문입니다"(표준새번역)라고 한 요한일서 4장 10절과 19절(요일 3:1), 그리고 "예수 그리스도께서는 우리를 사랑하시며, 자기의 피로 우리의 죄에서 우리를 해방하여 주셨고"(표준새번역, 새번역)라는 요한계시록 1장 5절 등이 모두 이 사실을 확인해 주는 말씀들입니다.

한편, 하나님에 대한 사랑뿐 아니라 인간 상호 간의 사랑 역시 그 못지않게 중요하다는 것도 성경의 핵심적 메시지 중 하나로서, "네 이웃 사랑하기를 네 자신과 같이 사랑하라"라는 레위기 19장 18절 말씀이 신약에서 여덟 번에 걸쳐(마 19:19; 22:39; 막 12:31, 33; 눅 10:27;

롬 13:9; 갈 5:14; 약 2:8) 반복적으로 기록되었다는 – 구약성경의 말씀을 신약성경에서 인용한 경우 중 그 횟수가 가장 많을 – 사실도 자증하듯, 사람들 상호 간의 사랑을 하나님이 그토록 강조하시는 이유는 주님에 대한 마음속의 사랑을 밖으로 드러내 표현할 수 있는 가장 실질적 방법이 바로 타인에 대한 사랑이기 때문일 것입니다.

요한일서가 "하나님을 사랑하는 사람은 자기의 형제자매도 사랑해야 합니다"(표준새번역, 새번역), "누가 하나님을 사랑한다고 하면서, 자기 형제자매를 미워하면, 그는 거짓말쟁이입니다. 보이는 자기 형제자매를 사랑하지 않는 사람이 보이지 않는 하나님을 사랑할 수 없습니다"(새번역)라고 4장 21절(요일 5:1)과 20절(요일 3:10)에서 강조하고 있는 이유도 그와 같다고 할 수 있습니다.

기독교인이라면 누구나 알고 있을 "선한 사마리아인"의 비유(눅 10:30-37)처럼 "진정한 이웃"을 분별하는 척도까지 굳이 언급하지 않더라도, 하나님이 도움을 필요로 하는 어떤 이의 모습으로 우리의 삶 가운데 부지불식중 나타나신다는 사실은 "나그네를 대접하기를 소홀히 하지 마십시오. 어떤 이들은 나그네를 대접하다가, 자기들도 모르는 사이에 천사들을 대접하였습니다"(새번역)라는 히브리서 13장 2절과 "누구든지 이 어린아이를 내 이름으로 영접하는 사람은 나를 영접하는 것이다"(우리말성경)라고 하신 누가복음 9장 48절(막 9:41)의 말씀이 이미 가르쳐 주고 있는 바입니다.

그러나 이 모든 전제들에도 불구하고 "기독교는 종교(Religion)가 아니라 관계(Relationship)이다"라는, 많은 사실을 함축하고 있는 문구가 시사하듯, 주님과 우리의 인격적 관계가 그 전부라 해도 과언이 아닌 기독교를 임무와 의무감의 연속인 "종교"로 격하시키며 의미를 폄훼해서는 안 됩니다. "religion(종교)"이라는 단어가 본시 "bondage(구속, 속박)"라는 어휘에서 유래했다는 말도 있거니와, 중세 영어에서의 "religion"은 "수도승의 서약(monastic vow)"을 뜻하는 단어였으며 라틴어 "렐리지오(religio)"도 본래는 의무(obligation)나 계약(bond) 등을 의미했다는 사실을 실제로도 확인할 수 있으니까요.

종교는 "Do"라는 **현재**형 동사를 통해 "하라, 스스로 해서 얻으라"라고 명령하지만 예수님과의 관계 자체인 믿음과 신앙은 "Done"이라는 **과거완료**적 형용사에 의해 "다 이루었다, 이미 완성되었다"라며 우리를 격려합니다. 이 사실이 로마서 9장 31-32절의 "의를 따르지 아니한 이방인들이 의를 얻었으니 곧 믿음에서 난 의요 의의 법을 따라간 이스라엘은 율법에 이르지 못하였으니… 이는 그들이 믿음을 의지하지 않고 행위를 의지함이라"라는 말씀에 정확히 명기되어 있기도 합니다.

그런 만큼 계명(하나님의 말씀)에 대한 순종이 주님에 대한 우리의 사랑을 드러내는 **결과**적 행위임을 기억하는 일은 반드시 필요합니다. 우리가 말씀에 순종하면서 계명을 지키는 것은 하나님의 사랑을 얻거나 구원에 이르기 위한 '수단'이 아니라, 이미 주신 크신 사랑과 구원의 은혜로 인해 우리 편에서 자연스럽게 우러나오는 '반응'이기 때문입니다.

그렇기에 계명 순종과 하나님 사랑은 상충하는 개념이 아니며, 또한 그것이 하나님 사랑과 이웃 사랑에 대한 계명을 두고 "이보다 더 큰 계명은 없느니라"라고 주님이 말씀하신(막 12:31) 일과, "성령의 열매(즉, 사랑)"에 대한 설명에 뒤이어 "이런 것들을 금지할 율법은 없습니다"(우리말성경)라는 말을 바울이 덧붙인(갈 5:23) 이유일 것입니다.

"사랑은 율법의 완성이니라"라는 로마서 13장 10절(갈 6:2; 골 3:14)과 "우리가 하나님을 사랑하고 그의 계명들을 지킬 때에 이로써 우리가 하나님의 자녀를 사랑하는 줄을 아느니라"라는 요한일서 5장 2절의 말씀 역시 이 사실을 든든히 뒷받침하고 있습니다.

하나님을 사랑하며 계명을 지키는 이들이 누리게 될 축복이 "나를 사랑하고 나의 계명을 지키는 사람에게는, 수천 대 자손에 이르기까지 한결같은 사랑을 베푼다"(표준새번역, 새번역), "내가 오늘 너희에게 명하는 대로, 너희가 주 너희의 하나님을 사랑하고, 그의 길을 따라가며, 그의 명령과 규례와 법도를 지키면, 너희가 잘 되고 번성할 것이다"(표준새번역)라고 약속되어 있는 출애굽기 20장 6절(신 5:10), 신명기 30장 16절과 더불어, 하나님의 품성을 "위대하시고 두려우신 주 하나님, 하나님을 사랑하며 하나님의 계명을 지키는 사람들에게 언약과 인자를 베푸시는 하나님"(표준새번역, 새번역)이라는 말로 정의한 다니엘 9장 4절도 같은 맥락에서 이해해야 할 구절입니다.

당신을 사랑하기에 그 뜻에 순종하려는 사람들을 향해 주님이 선물하시는 말씀인 "하나님을 사랑하는 사람들, 곧 하나님의 뜻대로 부르심을 받은 사람들에게는, 모든 일이 서로 협력해서 선을 이룬다는 것을 우리는 압니다"(새번역)라는 로마서 8장 28절과 "눈으로 보지 못하고 귀로 듣지 못하고 사람의 마음에 떠오르지 않은 것들을 하나님께서는 자기를 사랑하는 사람들을 위해 예비해 주셨다"(우리말성경)라고 하는 고린도전서 2장 9절(사 64:4) 등이 언제 받아도 기쁘고 감사한, 놀랍도록 은혜로운 축복의 약속임은 두말할 필요가 없겠지요.

성령의 은사에 대한 설명이 길게 나열된 12장이 끝나자마자 곧바로 이어지는 13장의 첫 절부터 사랑의 의미와 가치에 대한 강조가 계속되다가, 마지막 절인 13절의 "믿음, 소망, 사랑 중 제일(으뜸)이 사랑"이라는 말씀에서 결국 정점에 이르는 고린도전서는 물론, "성령의 열매"가 9가지로 제시되기는 하지만 그중 첫번째로 거론된 "사랑"은 그 9가지 중의 한 요소가 아니고 "사랑"이라는 **하나**의 열매가 각기 다른 **스펙트럼**으로 나타나는 것임을 암시하는 갈라디아서 5장 22-23절도 가르쳐 주는 것처럼 – 여기에 기록된 "열매"라는 단어에 "fruits(καρποί)"라는 복수형이 아닌 "fruit(καρπὸς)"이라는 단수형이 사용된 사실로 알 수 있는 것처럼 – "사랑"은 성경이 우리에게 베푸는, 그리고 우리로부터 요구하는 최고의 가치입니다.

"사랑은 하나님께 속한 것이니 사랑하는 자마다 하나님으로부터 나서 하나님을 알고", "사랑 안에 있는 사람은 하나님 안에 있고, 하나님도 그 사람 안에 계십니다. 이것으로써 사랑은 우리에게서 완성된 것이니"(표준새번역)라고 선언하는 요한일서 4장 7절과 16-17절 등을 읽다 보면 더욱 확실히 깨닫게 되는 사실이지요.

믿음, 소망, 사랑 중에 사랑이 제일(으뜸)인 이유는 사랑만이 자신의 마음속에 혼자 지니고 있는 것이 아닌, 남에게 주는 유일한 것이기 때문이라는 인상 깊은 말처럼, 우리가 하나님을 뜻과 힘, 마음을 다해 사랑하면서 타인을 우리 자신처럼 사랑하기로 '의지적'으로 선택한다면, 하나님은 그에 비교할 수 없는 사랑을 다시 되돌려 주심으로써 축복과 감사의 선순환이 끝없이 반복되는 일을 가능하도록 하실 것입니다.

"누구든지 하나님을 사랑하면 그 사람은 하나님도 알아 주시느니라"라는 고린도전서 8장 3절과 "이는 너희가 나를 사랑하고 또 내가 하나님께로부터 온 줄 믿었으므로 아버지께서 친히 너희를 사랑하심이라"라고 하신 요한복음 16장 27절, "여러분이 사랑 속에 뿌리를 박고 터를 잡아서, 모든 성도와 함께, 그리스도의 사랑의 넓이와 길이와 높이와 깊이가 어떠함을 깨달을 수 있게 되고, 지식을 초월하는 그리스도의 사랑을 알게 되기를 빕니다"(표준새번역)라는 에베소서 3장 17-19절의 말씀을 우리가 늘 기억하며 결단하기만 한다면 말입니다.

24

하나님을 찬양하라

"기독교인이라면 머리끝부터 발끝까지 '할렐루야(*alleluia*)'여야 한다"라는 성 어거스틴(Augustine of Hippo)의 말을 자신의 저서 『한 길 가는 순례자』에서 인용했던 유진 피터슨은, 우리를 창조하고 구원하신 후 필요한 모든 것까지 공급하시는 주님을 그런 자세로 섬기는 것은 "인간의 지극히 자연스럽고 정직하고 건강한, 또 논리적인 반응"이라면서, 찬양할 때에야 비로소 우리는 "우리 존재의 중심에서 기능하며 우리 존재의 가장 근원적이고 핵심적인 실제와 접촉하게 된다"고 이 책을 통해 역설했습니다.

성경에서도 하나님에 대한 찬양이 옳고 합당한 일이라는 독려를 "의인들아, 너희는 주님을 생각하며 기뻐하여라. 정직한 사람들아, 찬양은, 너희가 마땅히 해야 할 일이다"(새번역), "할렐루야. 우리의 하나님께 찬양함이 얼마나 좋은 일이며, 하나님께 찬송함이 그 얼마나 아름답고 마땅한 일인가!"(표준새번역, 새번역)라는 시편 33편 1절(시 92:1)과 147편 1절, "우리의 주님이신 하나님, 주님은 영광과 존귀와 권능을 받으시기에 합당하신 분이십니다"(새번역)라고 찬미한 요한계시록 4장 11절 등 신구약의 전반에서 발견할 수 있습니다.

찬양은 삶의 일부가 아닌 "삶 그 자체"이며, 교회에서의 찬양뿐 아니라 하나님께 영광과 기쁨을 드리기 위한 일이라면 모든 활동이 찬양/예배(worship)라고 자신의 책 『목적이 이끄는 삶』에서 말하는 릭 워렌도 "찬양은 아침에 눈을 떴을 때 처음 하는 행동이어야 하고, 밤에 눈 감을 때 하는 마지막 행동이어야 한다"라는 본인의 주장의 근거로 "내가 날이 밝기 전에 부르짖으며 주의 말씀을 바랐사오며", "여호와여 아침에 주께서 나의 소리를 들으시리니 아침에 내가 주께 기도하고 바라리이다"라는 시편 119편 147절과 5편 3절, "잠자리에 들어서도 주님만을 기억하고 밤을 새우면서도 주님만을 생각합니다"(표준새번역, 새번역), "한밤중에 내가 일어나 주의 의로운 법을 두고 주께 감사하겠습니다"(우리말성경)라는 시편 63편 6절, 119편 62절과 함께, "주님을 찾고, 그의 능력을 힘써 사모하고, 언제나 그의 얼굴을 찾아 예배하여라"(새번역), "해 뜨는 데부터 해 지는 데까지 여호와의 이름이 찬양받으리라"(우리말성경)라고 하는 시편 105편 4절과 113편 3절 등의 말씀을 제시하고 있습니다.

이처럼 우리가 하나님을 찬양해야 하는 이유는 주님의 선하심과 인자하심, 무엇보다 우리를 구원해 주신 은혜에 감사함이 마땅하기 때문으로, 하나님이 우리를 구원하시고 성령님을 이 땅에 보내 주신 목적에 대해 "주님의 영광을 찬양하도록 하기 위함"이라 규정하는 에베소서 1장에서는 "그리스도 안에서 그분이 원하시는 의도대로, 모든 일을 행하시는 분의 계획에 따라 우리가 예정함을 입어 유업을 얻었는데 이는 그리스도 안에서 먼저 소망을 가진 우리로 하여금 하나님의 영광을 찬미하게 하기 위한 것입니다"(우리말성경)라는 11-12절과 "이 성령은 우리의 유업의 보증이 되시는데 이는 하나님의 소유된 백성을 구속하기 위함이며 또한 하나님의 영광을 찬미하도록 하기 위한 것입니다"(우리말성경)라는 14절에 따라 그러한 사실이 반복 설명되어 있습니다.

우리의 가장 중대한 사명은 하나님의 영광을 드러내는 일로서, 땅 끝까지 복음을 전파하도록 우리 모두가 부름 받은 것은 사실이지만, 그 소명의 진정한 성공 여부는 "얼마나 많은 결신자를 만들어 내는 가"가 아니라 임무를 수행하는 과정에서 "하나님의 영광을 얼마나 드러내고 있는가"에 좌우되는 일이라는 것이 자신의 책, 『이것이 성공이다』(Success and the Christian)에서 저자인 A. W. 토저가 강조하는 내용입니다.

이와 연결된 맥락에서 우리 인간이 "Human Doing" 아닌 "Human Being"으로 일컬어지는 가장 큰 원인을 우리 삶의 목적 자체인 "하나님의 영광을 찬미하기 위해 **존재함**"에서 찾게 되는 것도, 성경이 바로 우리의 존재 목적을 그렇게 규정하고 있기 때문이지요.

"이 백성은 내가 나를 위하여 지었나니 나를 찬송하게 하려 함이니라"라는 이사야 43장 21절을 필두로, "나의 이름을 부르는 나의 백성, 나에게 영광을 돌리라고 창조한 사람들, 내가 빚어 만든 사람들을 모두 오게 하여라"(표준새번역, 새번역)라는 이사야 43장 7절(시 86:9)과 "만물이 그분으로부터 왔고 우리도 그분을 위해 있습니다"(우리말성경)라고 한 고린도전서 8장 6절(롬 11:36; 히 2:10) 등에 자세히 명시되어 있는 것처럼 말입니다.

그런 만큼 하나님을 위해 무언가를 하려는(Do) 우리의 노력보다 하나님의 영광을 드러내며 존재하는(Be) 일 자체를 창조의 원래 목적에 부합하는 진정한 찬양으로 주님도 받으시리라는 것은 결코 지나친 추측일 수 없습니다. 이러한 사실들을 기초로 할 때에야 비로소 "먹든지 마시든지 무엇을 행하든지 모든 것을 하나님의 영광을 위해 하십시오"(우리말성경)라고 바울이 명한, 너무도 친숙하기에 그 깊은 뜻을 간과하기 쉬운 고린도전서 10장 31절(골 3:17) 말씀의 의미를 정확히 이해할 수 있을 테니까요.

시편 100편 1-2절(시 47:1; 66:1; 81:1; 98:4)의 "온 땅이여 여호와께 즐거운 찬송을 부를지어다 기쁨으로 여호와를 섬기며 노래하면서 그의 앞에 나아갈지어다(Shout for joy to the Lord, all the earth. Worship the Lord with gladness; come before him with joyful songs)"라는 유명한 구절을 영어 성경으로 접할 경우 "joy," "gladness," "joyful"처럼 "환희", "즐거움", "기쁨"의 감정을 반복적으로 강조한 어휘들과 "기쁨으로 소리치라(Shout for joy)"라는 힘 있는 명령어가 읽는 이들에게 상당히 강력한 인상을 남깁니다.

실제로, 자신과 거리감이 느껴지는 상대를 위해서나 그 대상으로 인해 받는 기쁨이 별다르지 않을 경우 크게 소리치며 환호하는 일이 쑥스럽게 여겨질 것과는 달리, '일체감'을 가질 만큼 친밀한 누군가 때문에 기쁨과 흥분이 가누기 힘들 정도라면 큰소리로 환호하지 않는 일이 도리어 어렵게 느껴질 것입니다. 자신의 사랑하는 가족이 훌륭한 성취를 이루었을 때, 정말로 좋아하는 스포츠 경기나 대중음악 공연을 관람할 때 누구나 하는 경험이리라는 점을 생각하면, 하나님을 찬양하면서 환희와 기쁨에 겨워 소리를 지르지 않는다는 것은 오히려 "부자연스럽고", "건강하지 않은" 일이라고 말할 수밖에 없겠지요.

물론 크고 작은 문제를 늘 동반하는 일상 속에 사는 우리 대다수에게 "기쁨으로 소리치라"는 명령은 어쩌면 현실성이 떨어지는 '관념적' 표현으로 들릴 수도 있을 것입니다. 시편 기자는 그렇게 말했을지 몰라도 우리의 실제 삶에서 하나님을 향해 기뻐 소리칠 만한 상황이 얼마나 되겠느냐 불평하면서 말이지요.

그러나 성경에 사용된 "기쁨(joy)"이라는 명사는 세상에서 통용되는 "행복(happiness)"과 같은 의미의 단어가 아니며, "즐거운, 기쁨에 찬(joyful)"이라는 형용사 역시 "행복한(happy)"이라는 말과 동일한 뜻을 갖는 어휘가 아닙니다. 다시 말해서, 우리가 하나님께 "joyful song"을 올려 드리는 일은 세상적인 행복감을 느낄 때 하는 행위가 아니라는 것이지요.

밧세바와의 사이에서 낳은 아들이 병에 걸렸을 때 금식하고 기도하며 하나님과 씨름을 벌이던 다윗은 결국 그 아들이 죽고 난 후 목욕재계를 하고 성전에 들어가 하나님께 경배(삼하 12:20)했으며, 전 재산은 물론 그 '영혼'을 위해 매번 번제를 드릴 만큼 귀하게 여기던 자녀들을 모두 잃은 뒤의 욥 또한 머리를 땅에 대고 엎드려 여호와께 경배(욥 1:20-21)했습니다.

이에 대해 <찬양은 언제나 의지의 굴복을 전제로 한다>(Worship Always Supposes the Will Broken)라는 제목의 글에서 영국의 성경 학자 존 넬슨 다비(John Nelson Darby)가 개진했던 "진정한 찬양(경배)은 인간의 의지가 완전히 꺾였을 때에야 비로소 시작될 수 있다"라는 해석은, 실제로 다윗과 욥 모두 강하게 견지하던 자신의 의지가 꺾이고 난 후 그 뜻을 하나님의 뜻에 굴복시키면서 진실한 찬양과 경배를 시작하게 되었다는 사실로 보아, 이 구절들의 핵심을 간파한 예리한 분석으로 인정할 만합니다.

　우리가 기쁨과 환희로 주님께 찬양 올리기를 진심으로 원하시고 또 그런 우리의 모습을 기뻐하시는 하나님이, 때로 그것이 꼭 필요한 경우라면 우리의 뜻을 꺾어 당신의 뜻에 굴복시킴으로써 경배받는 상황을 만들기도 하심을, 이들의 실례(實例)를 통해 상기하게 됩니다.

　마태복음 26장 30절(막 14:26)은 예수님이 십자가로 나아가시기 직전 그 엄청난 고통이 예견되는 상황에서 제자들과 함께 "찬송을 부르셨음(sang a hymn)"을 증언하고 있습니다. 예수님이 아버지 하나님을 찬양하신 것이 물론 이때뿐은 아니었겠지만 성경에 기록되어 있는 것이 이 한 번뿐임도 우리에게 시사하는 바가 적지 않습니다.

　아마도 당신의 의지를 아버지께 온전히 굴복시키는 과정인 이때의 찬양이 있었기에, 육신을 입은 인간으로서는 너무나 두려우셨을 십자가의 길을 눈앞에 둔 시점에도 "내 아버지, 할 수 있다면 이 잔을 내게서 거둬 주십시오. 그러나 내 뜻대로 하지 마시고 아버지의 뜻대로 하십시오."(우리말성경)라는 기도(마 26:39, 42; 막 14:36; 눅 22:42)를 이어 가실 수 있었으며, 예수님을 보호한답시고 대제사장 종의 오른쪽 귀를 칼로 베어 버린 베드로를 향해 "아버지께서 내게 주신 이 잔을, 내가 어찌 마시지 않겠느냐?"(표준새번역)라고 나무라는(요 18:11) 단호함도 유지하실 수 있지 않았을까 생각해 봅니다.

　이처럼 자신의 의지를 꺾어 하나님의 뜻에 맞추는 일을 "자기 양도(self-surrender) 행위"라고 저서인 『고통의 문제』(*The Problem of Pain*)에서 정의하고 있는 C. S. 루이스는 "옛날 유모나 부모들이 '아이의 의지를 꺾는 것'을 교육의 첫 단계로 여긴 것은 상당히 옳은 생각이었다"라고 전제하면서, 인간의 본성상 하나님께 자아를 완전히 양도하는 일에는 고통이 따를 수밖에 없기에 그 과정이 제대로 이루어지려면 자신의 성향을 철저히 거스르는 순종이 필요하다고 강조합니다.

감람산에서의 베드로처럼 본인의 생각과 의지로 하나님을 '위해' 무언가를 하겠다고 나서는 우리의 행위들이 종종 바람직하지 않은 결과를 불러오는 것도, 그처럼 자신의 의지가 완전히 꺾이는 과정을 거치지 않은 채 스스로에게 옳다고 여겨지는 인간적 판단을 바탕으로 일을 서두르는 데에 상당 부분 기인하리라 추측하게 됩니다.

위에 언급된 『목적이 이끄는 삶』에서 찬양의 핵심을 "항복(surrender)"으로 규정한 릭 워렌 또한 우리가 하나님께 온전히 삶을 내어드릴 때 – 항복할 때 – 누리게 되는 축복들을, 욥기 22장 21절이 제시하는 평화(peace), 로마서 6장 17-18절이 말하는 자유(freedom), 그리고 여호수아 5장 13-15절이 예시하는 삶 속에서의 하나님의 능력(God's power in your life)이라는 세 가지 요소로 설명하고 있습니다.

"때로 찬양은 – 하나님의 말씀과 더불어 – 우리가 가진 유일한 무기가 된다. 그들이 바로 하나님께서 우리 대신 전쟁에 나서실 수 있도록 돕는 장치이기 때문이다"라고 자신의 책 『모든 것을 바꾸는 기도』(The Prayer that Changes Everything)에서 말하는 스토미 오마샨(Stormie Omartian)은, "하나님은 모든 찬양자의 마음을 들여다보시기에 그들이 찬양을 하는 동기가 신실한지, 진솔한지, 정직한지, 순수한지 다 아신다. 하나님께서 진실한 찬양자를 찾으시는 것은 이 땅을 향한 당신의 목적이 그들을 통해 성취될 수 있기 때문이다"라고도 덧붙이고 있습니다. 찬양에 의해 우리 삶에 임하는 하나님의 능력이란 찬양을 올리는 우리를 기뻐하며 하나님께서 내려 주시는 권능이자, 앞서 싸우시는 주님의 뒤에 선 우리 손에 들려 있는 무기임을, 이를 통해서도 확인하게 됩니다.

성경에는 모든 사람들이 주님을 찬양하고 경배할 미래 세상의 모습을 예견하며 "모든 사람이 내게 무릎을 꿇을 것이고 모든 사람이 내게 자기 나라 방언으로 맹세할 것이다"(우리말성경), "매달 초하루와 안식일마다, 모든 사람이, 내 앞에 경배하려고 나올 것이다"(표준새번역, 새번역)라고 선포한 이사야 45장 23절(롬 14:11)과 66장 23절(빌 2:10-11)을 포함하여, "많은 백성들이 오면서 말할 것이다. '자, 올라가자, 여호와의 산으로! 야곱의 하나님의 집으로!'"(우리말성경), "한 성읍의 주민이 다른 성읍의 주민에게 가서 '어서 가서 만군의 주께 기도하고, 주의 은혜를 구하자' 하면, 다른 성읍의 주민들도 저마다 '나도 가겠다' 할 것이다"(표준새번역, 새번역)라고 예언하는 이사야 2장 3절(렘 3:17; 31:6; 미 4:2)이나 스가랴 8장 21절(슥 14:16)과 같은 말씀도 곳곳에 포진하고 있습니다.

그런 날, 그런 세상이 올 때까지 시편의 기자뿐 아니라 우리 역시도 각자가 아는 모든 방법과 도구를 사용하여, 그리고 무엇보다 자신의 마음을 드려(엡 5:19; 골 3:16) 끊임없이 "새 노래"로 찬송하는(시 33:3; 40:3; 96:1; 98:1; 149:1; 사 42:10) 시인이자 음악가가 되어야 할 것입니다. 우리가 누군가를 사랑하면 저절로 시를 쓰고 노래를 읊조리게 되듯 – 또한 릭 워렌이 『목적이 이끄는 삶』에서 정확히 비유하고 있듯 – "진정한 찬양"이란 "예수님과 사랑에 빠지는 일"에 다름 아니기 때문입니다.

25

하나님을 기쁘시게 하라

최근 읽었던 글들 가운데 가장 인상 깊게 기억에 남은 이야기는 자신이 시무하는 교회(미국 Missouri 주에 위치한)에서 있었던 일을 소개하신 한 목사님의 일화입니다.

주일 오전 예배 도중 "하나님을 기쁘게 해 드리는 것을 삶에서 가장 중요한 일로 생각하는 사람은 손을 들어 보라"고 요청했더니 모든 교인이 손을 들었는데, "그러면 자신이 정말로 하나님을 기쁘게 해 드리고 있다고 생각하는 사람은 손을 들어 보라"고 바꿔 이야기하자 400명 넘는 회중 가운데 단 두 명, 11살 소년과 10살 소녀만 손을 들더라는 '서글픈' 고백이었습니다.

그 글을 읽고 나니 하나님을 기쁘게 해 드리고 싶은 마음은 모두가 한결같을 우리들 중에도 정말로 자기가 하나님을 기쁘게 해 드리고 있다고 자신할 수 있는 사람은 그리 많지 않을 현실에 대해 새삼 생각해 보게 되더군요.

하나님을 기쁘시게 하는 일로 순종과 경외, 하나님 사랑과 이웃 사랑, 말씀을 통한 하나님에의 정확한 지식, 삶을 바쳐 드리는 예배와 찬양 등의 여러 항목을 꼽을 수 있겠지만, 이들 모두를 하나의 개념으로 축약할 경우 "하나님과의 인격적 관계"라고 하는, 지금까지 본서의 내용을 통해 꾸준히 논의해 온 핵심적 주제로 모여진다고 말할 수 있을 것입니다. 아버지이자 스승이시며 친구이자 연인이기도 하신 주님과의 깊은 사랑의 관계로서 말입니다.

자신의 저서인 『고통의 문제』에서, 감정을 초월한 분이자 영원히 충만한 분이신 하나님이 스스로 창조하신, 게다가 주님의 공급을 오히려 필요로 하는 우리가 당신께 꼭 필요한 존재인 것처럼 늘 말씀하시는 이유를 "그 필요를 선택하셨기 때문"이라고 전제한 C. S. 루이스는, 하나님이 "기적을 통해 스스로 **갈망**을 느낄 수 있는 존재가 되시고 우리만이 채워 드릴 수 있는 무언가를 자기 안에 **창조**해 내셨다고 볼 수밖에 없다"라는 설득력 있는 분석도 그에 덧붙이고 있습니다.

이런 그의 주장은, "하나님은 하나님의 기뻐하시는 뜻을 따라 예수 그리스도를 통하여 우리를 하나님의 자녀로 삼으시기로 예정하신 것입니다"(표준새번역)라고 에베소서 1장 5절에 기록된, 하나님께서 우리의 창조와 구원을 미리 예정하시며 기뻐하신 참 뜻이 무엇인지 상정하는 일에도 도움을 줍니다.

이 에베소서 1장 5절을 "우리말성경"으로 읽어 보면 "하나님은 그분의 기뻐하시는 뜻을 따라 우리를 예정하셔서 예수 그리스도로 말미암아 하나님의 양자가 되게 하셨습니다"라고 번역되어 있는데, 여기에서의 "양자가 됨(υιοθεσίαν; *uiodesian*)"이라는(롬 8:15; 갈 4:5) "입양(adoption)"을 뜻하는 법적 용어는, 우리가 "예수님과 동등한 자녀의 자격으로 하나님의 가족이 되어 함께 살며 그리스도의 모습을 닮아

가게 된다"는(롬 8:29) '엄청난' 전제를 내포하는 표현입니다.

그 뒤로 이어지는 "그리스도 안에서 미리 세우신 하나님이 기뻐하시는 뜻을 따라 하나님의 신비한 뜻을 우리에게 알려 주셨습니다"(새번역)라는 9절 역시 이와 연장선상에 있는 똑같이 '엄청난' 말씀이라 할 것으로, 앞선 8절이 알려 주듯 하나님께서 은혜로 주신 "지혜와 총명(wisdom and understanding)"을 통해 우리가 이 "신비한 뜻", 즉 하나님께서 예정하신 인류의 구원 계획을 알게 되었음을 선포하는 구절이기 때문입니다. 하나님께서는 당신의 기쁨을 위해 "창세 전에 그리스도 안에서"(4절) 이 같은 계획을 세우시고 "때가 차기를"(10절) 기다리셨다가 마침내 우리에게 알려 주셨다는 것이지요.

한편, "하나님은 여러분 안에서 활동하셔서, 여러분으로 하여금 하나님을 기쁘게 해 드릴 것을 염원하게 하시고 실천하게 하시는 분입니다"(새번역)라고 하는 빌립보서 2장 13절은, 그렇게 하나님의 자녀가 된 우리가 하나님을 기쁘게 해 드리는 일을 소망하고 실천할 수 있는 것이 우리 안에 계시는 주님의 "활동(working)"의 결과임을 가르쳐 주는 구절로, 역시 같은 책을 통해 루이스가 했던 "[하나님께서] 우리를 만드신 주된 목적은… 우리를 그의 사랑이 아주 기쁘게 머물 수 있는 대상으로 만드시려는 데" 있다는 말과 일맥상통합니다.

우리를 사랑하시는 하나님이 사랑의 대상인 우리 각자를 사랑스러운 존재로 만들고자 노력하시는 것은 너무나 당연한 일이기에 "[우리 또한] 하나님이 아무 거리낌 없이 사랑하실 수 있는 존재가 될 때 비로소 진정으로 행복해질" 수 있다고 한 그의 지적은, "여호와께서는 자기 백성을 기뻐하시며 겸손한 자를 구원으로 아름답게 하심이로다"라는 시편 149편 4절의 말씀과 같은 고리로 한 번 더 연결됩니다.

이러한 주님과의 인격적 관계에는 무엇보다 우리의 완전한 믿음과 신뢰가 그 전제 조건일 수밖에 없는바, 하나님을 기쁘시게 하는 일과 '믿음'을 연결시켜 논할 때마다 빠지지 않고 등장하는, "믿음이 없이는 하나님을 기쁘게 해드릴 수 없습니다"(표준새번역, 새번역)라는 히브리서 11장 6절이 역시 이 사실을 가장 간결히 대변해 주는 말씀일 것입니다. 하나님과 우리 사이의 관계에서 믿음이 이처럼 중요한 이유는 그것이 보이지 않는(invisible) 대상에 대한, 그렇기에 믿기 어려운 상황에서의 신뢰의 결단이기 때문이라 하겠는데, 이러한 믿음이 세상을 이길 수 있음은 "세상을 이긴 승리는 이것이니, 곧 우리의 믿음입니다"(표준새번역, 새번역)라고 일갈된 요한일서 5장 4절에서, 그리고 부활의 능력으로 거듭나게 하는 것임은 "여러분은 세례로 그리스도와 함께 묻혔고, 또한 그분을 죽은 사람들 가운데서 살리신 하나님의 능력을 믿는 믿음으로, 그리스도 안에서, 그리스도와 함께 살아났습니다"(표준새번역)라고 증언된 골로새서 2장 12절에서, 각각 힘차게 선포되고 있습니다.

그런 만큼 하나님이 정말로 기뻐하지 않으시는 인간의 문제는, 그다지 대단하고 훌륭한 삶을 살지 못하는 우리의 답답한 현실이 아니라 오히려 스스로의 '힘', 그리고 자신의 '의'로 살아 보겠다고 나서는 교만의 속성일 것입니다.

"우리가 하나님을 기쁘게 해 드리기 위해 최선의 노력을 다할 수는 있지만 그 목표를 온전히 이룰 만큼의 능력과 자질을 갖춘 사람은 세상에 존재하지 않는다"며 "성과의 덫(performance trap)"이라는 올무에 갇힌 현대인들의 자충을 우려했던 크레이그 그로쉘뿐 아니라, "하나님의 팀원 선발은 다른 어떤 팀의 선발 시험과도 다르다"면서 "잘 뛰는 사람이 아니라 잘 **넘어지는** 사람이 팀원으로 선발되는 것"이라고 자신의 책『하나님의 관점』(God's Eye View)에서 제언하는 토미 테니(Tommy Tenny) 역시, 이 세상 누구도 충분히 '훌륭할' 수 없다는 전제에 의견을 같이 합니다.

그는 이 책에서 "하나님은 우리가 어린아이 같은 믿음으로 다가와서 무릎을 꿇고 아무 것도 없는 데서 뭔가를 만들어 달라고 요청하는 것을 기뻐하신다"라는 부연 설명을 통해 아이처럼 단순하게 당신에게 의지하는 이들을 기뻐하시는 하나님의 심정을 대변하기도 했습니다.

위에 언급된 히브리서 11장 6절은 그 자체가 워낙 '각광' 받는 말씀이다 보니 앞선 관련 내용들의 의미가 희석되는 경향이 있지만, "믿음이 없이는 하나님을 기쁘게 해드릴 수 없다"는 그 유명한 선언을 이끌어 낸 구절이자 믿음으로 죽음을 보지 않고 들림을 받은 에녹에 대한 기록으로서 "들려가기 전에 그는 하나님을 기쁘시게 하는 사람이라는 인정을 받았습니다"(우리말성경)라는 증언을 담은 5절 또한 6절 못지 않게 중요한 말씀임을 기억할 필요가 있습니다.

그뿐 아니라 성경에서는 믿음으로 하나님을 기쁘시게 했던 또 한 분의 인물, 하나님의 아들 예수 그리스도를 만나게 되는데, 세례 요한을 찾아가 침례를 받으시는 예수님을 향해 "이는 내가 사랑하는 아들이다. 내가 그를 매우 기뻐한다"(우리말성경)라고 하신 하나님의 선포(마 3:17; 막 1:11; 눅 3:22)에 이어, 베드로와 요한, 야고보를 데리고 높은 산에 오르신 주님에게 주어진 "이는 내가 사랑하는 아들이다. 내가 그를 기뻐한다"(우리말성경)라는 동일한 포고(마 17:5; 막 9:7; 눅 9:35; 벧후 1:17) 역시 반복적으로 목격하게 되는 말씀입니다.

에녹에 관하여는 성경에서 "하나님과 동행하더니"라는 기록(창 5:24) 외에 다른 구체적 기술을 찾을 수 없지만 그럼에도 이 한 마디에 많은 의미가 함축되어 있으리라 짐작하게 되는 것은, 에녹이 하나님과 동떨어져 스스로의 힘으로 무언가를 성취하려 노력했다면 이처럼 "동행"이라고 하며 "walk *steadily* with(MSG)"나 "walk *in close fellowship* with(NLT)"와 같은 표현을 사용했을 리 만무하기 때문입니다.

아들이신 예수님을 향해 아버지 하나님께서 기뻐함을 공표하신 경우를 보더라도, 사실상 주님께서 세례를 받으실 당시는 아직 아무런 사역도 시작하지 않으신 시기였으니, 그저 순종과 믿음이라는 인격적 관계만이 존재하던 시점에 하늘을 여시고는 "매우 기뻐한다(well pleased)"라고 확증해 주신 것임을 알 수 있습니다.

이러한 사실들을 우리의 상황에 대입해 보면, 아브라함의 믿음(faith)과 칭의(justification) 간의 직결성을 설명하며 "아브라함이 하나님을 믿으니, 하나님께서 그를 의롭다고 여기셨다"(새번역)라고 한 로마서 4장 3절(창 15:6; 롬 4:9, 22; 갈 3:6; 약 2:23)과, 이에 대해 "행위와 상관 없이 하나님께 의롭다고 인정받는 사람의 복"이라 정의하는 같은 장 6절의 말씀을 자연스레 떠올리게 됩니다.

히브리서 11장 4절은 아벨과 가인의 믿음을 비교하며 "믿음으로 아벨은 가인보다 더 나은 제사를 하나님께 드렸고 이로써 그는 의롭다는 인정을 받았습니다"(우리말성경)라고 기록하고 있습니다.

여기에서의 "더 나은 제사"가 정확히 무엇을 의미하는지, 또 하나님께서 아벨의 제물만 받기고 인정하신(창 4:4-5) 이유가 무엇이었는지에 대해서는 신학적으로 수많은 갑론을박이 존재하지만, 성경에 구체적 설명이 없는 사안에 관한 인간의 해석에 완벽히 무오한 것이란 있을 수 없기에, 어차피 우리는 여러 가지 '정황증거'를 동원해 상상과 추측을 할 수밖에 없습니다.

물론 전통적 해석 방식에서는 범죄한 인간이 하나님 앞에 나오려면 속죄를 위한 피흘림이 반드시 필요한 만큼, 양의 죽음을 통해 피로 올린 아벨의 제사가 장차 피흘려 죽으실 그리스도의 대속에 대한 **모형**과 **예표**의 역할을 한 것이라는 분석에 대체로 의견 일치를 보이지만, 개인적으로 저는 소수 의견에 속하는 한 가지 '가설'이 보다 설득력 있다고 생각하는 입장입니다.

즉, 아직 채식만 하던 시기였기에 가축은 단지 피복을 만드는 데만 사용되었을 당시, 가죽옷을 손수 지어 입히시며 자신들의 **수치**를 가려 주신 하나님의 **은혜**를 경험했던 아담과 이브로하여 "제물"이라는 개념의 의미를 막연하나마 깨닫고 동물 제사를 드렸을 아벨과는 달리, 주식인 곡물을 생산하고 있던 가인 쪽에서는 자신의 힘과 노력으로 중요하고 가치 있는 일을 해서 하나님께 바친다고 생각하며 짐짓 "자기 의(self-righteousness)"에 빠졌을 수 있다는 이론이지요.

어찌 되었든 그로 인해 동생을 살해한 가인은 결국 창세기 4장에 기록된 "가족 타락"의 주역이 되었습니다. 하나님을 질투하고 불순종했던 어머니 이브가 창세기 3장의 "인류 타락"이라는 불행의 주역이 된 데에 이어서 말입니다.

그럼에도 "당신의 자녀가 죄 가운데서 죽는 것"(요 8:24; 롬 6:12; 엡 2:1)을 가장 '기뻐하지 않으시는' 하나님은, 이후에도 줄곧 포기하지 않은 채 우리 모두가 돌이켜 구원 받게 되기를, 즉 믿음을 통해 "의로움"을 입기를 말씀으로 끊임없이 권면하셨습니다.

"악인이 죽는 것을, 내가 조금이라도 기뻐하겠느냐? 오히려 악인이 자신의 모든 길에서 돌이켜서 사는 것을, 내가 참으로 기뻐하지 않겠느냐?"(표준새번역, 새번역)라는 에스겔 18장 23절(겔 18:32; 33:11; 딤전 2:4; 벧후 3:9, 15)은 물론, "예수를 믿는 모든 사람은 그 이름으로 죄 용서를 받게 된다"(우리말성경), "의롭게 되는 것은 예수의 피를 믿음으로써 이루어집니다"(우리말성경)라고 하는 사도행전 10장 43절(욜 2:32; 행 2:21; 롬 1:16; 10:13)과 로마서 3장 25절(엡 1:7), 그리고 "내가 가진 의는 율법에서 난 의가 아니요, 그리스도를 믿음으로써 얻는 의, 곧 믿음으로 인해 하나님께로서 난 의입니다"(우리말성경)라고백하는 빌립보서 3장 9절(갈 2:16; 엡 2:8) 등, 셀 수 없는 은혜의 말씀들을 통해서 말입니다.

『예수님처럼』(*Just like Jesus*)이라는 자신의 저서에서, 흠 없고 거룩한 "사랑스러운" 존재로 우리를 변화시키시는 하나님의 사역을 "마음을 개조하는 작업(remodeling of the heart)"에 비유한 맥스 루카도(Max Lucado)는, "당신 삶의 고생스런 부분들이 약간은 이해가 될 것이다… 목수 하나님이 선반 몇 개 더 얹으실 때에야 당신도 이의 없겠지만 그분은 한쪽 벽을 완전히 허물기로도 유명하신 분이다. 하나님은 당신을 향해 아주 큰 뜻을 품고 계신다… 그분은 당신이 예수님처럼 되기 원하신다"라고 적고 있습니다.

물론 대다수 기독교인들은 이런 말을 들으면 우리가 어찌 "예수님처럼" 될 수 있을지 막막하고도 우려스러운 마음이 앞설 수 있겠지만, 그렇다고 그리 걱정할 필요는 없을 듯합니다. "그리스도 안에 모든 충만함을 머물게 하시기를 기뻐"하시는 하나님이(골 1:19), "그리스도 안에서(in Christ)", "그리스도를 통해(through Christ)"라는 표현이 유난히 많은 에베소서 1장의 말씀들이 시사하듯, 우리의 능력이나 노력과는 관계없이 철저히 예수님 **안에서**, 그리고 예수님을 **통해**, 당신께서 가장 기뻐하시는 그 일을 이루어 가실 것이기 때문입니다.

26

행하신 일을 기억하라(1)

국가와 민족을 위해 희생하신 선열들을 기억하고 기념하는 "현충일"이 한국에 있듯, 북미권에도 역시 타인에 대한 사랑과 희생의 정신으로 자신의 목숨을 초개와 같이 바치신 분들을 기억하며 추모하는 "Remembrance Day"라는 날이 있습니다.

매년 11월 11일 기념되는 이날은 대다수 사람들이 가슴에 붉은 색 양귀비 조화를 달고 – 1차 세계 대전 중 플랑드르에서 사망한 시신들 사이에 핀 꽃을 기억하는 의미로 – 사망자들을 추모하며 경건한 하루를 보냅니다.

"Remembrance"라는 명칭 자체가 알려 주듯 고귀한 희생을 기리는 추모에는 '기억하는' 일이 가장 우선이라고 할 수 있는데, 하나님께서 성경 말씀을 통해 당신께서 행하신 일들을 기억하는 자세, 잊지 않는 태도를 우리에게 반복적으로 명령하고 계신 이유도 이와 크게 다르지 않을 것입니다.

사무엘이 자신의 마지막 설교에서 백성들을 향해 "주께서 너희를 생각하시고 얼마나 놀라운 일들을 하셨는가를 기억하여라"(표준새번역)라며 남긴 사무엘상 12장 24절의 당부와, 다윗의 감사시로 역대상 16장 12절, 시편 105편 5절의 양편에 기록된 "주님이 이루신 놀라운 일을 기억하여라. 그 이적을 기억하고, 내리신 판단을 기억하여라"(표준새번역)라는 거듭된 권고는 물론, 자신의 고별 설교 가운데 주위 이방 민족들을 두려워하지 말라면서 모세가 전한 신명기 7장 18절의 "그들을 두려워하지 말고, 주 너희의 하나님이 바로와 모든 이집트 사람에게 하신 일을 잘 기억하여라"(표준새번역), 성벽을 쌓는 동안 훼방하는 적들로 인해 두려움에 떨어야 했던 백성들에게 "너희는 그들을 두려워하지 말고 지극히 크시고 두려우신 주를 기억하고"라고 격려하는 느헤미야 4장 14절 등의 말씀을 그 대표적 명령으로 꼽을 수 있겠지요.

신명기(Deuteronomy)는 그 이름이 갖는 의미, 즉 "deutero(두 번째, 다시) + norm(법, 규범)"이라는 개념에서 볼 수 있듯 "두 번째 법(the second law)", 혹은 "반복된 규범(the repetition of the law)"이라 일컬어지는 책이며, 가나안 입성을 눈앞에 두고 당시 생존해 있던 "광야 2세"에게 과거 자신들이 경험한 하나님의 은혜를 상기시키려는 목적으로 쓰여진 글인 만큼, "잊지 말라", "기억하라"라는 명령어가 유난히 많이 포함되어 있는 것도 당연한 일이라 하겠습니다.

"너는 애굽 땅에서 종 되었던 것과 네 하나님 여호와께서 너를 속량하셨음을 기억하라"라고 한 15장 15절과 "너희 하나님 여호와께서 강한 손과 쭉 뻗친 팔로 너희를 거기서 이끌어 내셨음을 기억하라"(우리말성경)라는 5장 15절, 그리고 "너희가 광야를 지나온 사십 년 동안, 주 너희의 하나님이 너희를 어떻게 인도하셨는지를 기억하여라"(표준새번역)라며 당부한 8장 2절 등에서 보듯 말입니다.

하나님이 시내 광야에서 모세에게 주신 말씀인 "내가 애굽 사람에게 어떻게 행하였음과 내가 어떻게 독수리 날개로 너희를 업어 내게로 인도하였음을 너희가 보았느니라"라는 출애굽기 19장 4절과 광야에서 행하셨던 하나님의 은혜를 상기시키기 위해 아삽이 기록한 "하나님이 그들의 반석이시며 지존하신 하나님이 그들의 구속자이심을 기억하였도다"라는 시편 78편 35절 역시 같은 맥락에서 이해할 수 있는 구절들로, 기독교 신학자인 리처드 포스터(Richard J. Foster)의 "과거에 하나님께서 하신 일을 기억하는 것은 영적 고갈의 시기에 우리를 지탱하며 새 힘을 주는 자양분이다. 옛일을 기억하면서 하나님이 하신 일을 찬양하는 것이 영성 형성(spiritual formation)에 필수적 요소이기 때문이다"라는 주장을 이와 관련된 조언으로 연결해 볼 수 있습니다.

마틴 루터 킹 주니어(Martin Luther King Jr.)도 자신의 설교집(6편)에서 "뒤로 물러남으로써 앞으로 나아가기(Going forward by going backward)"라는 표현을 사용한 적이 있지만, "하나님의 일에서는 뒤로 물러남이 종종 앞으로 나아감이 된다(With God, the way forward is often backward)"라는 말을 책이나 글에서 흔히 접하게 되는데, 뒤로 물러나는 행위, 그리하여 하나님이 과거에 하신 일들을 기억하는 시간은 앞으로의 삶을 위한 노력이자 '투자'의 일환일 수 있습니다.

과거에 경험한 하나님의 신실하심을 기억하는 것이 현재 주님의 일하심에 대한 신뢰를 강화시킴으로 눈앞에 닥친 문제나 어려움에 직면하는 힘과 용기를 허락하기 때문입니다.

그렇기에 하나님은 선지자를 통해 이스라엘에게 "너희가 이 모든 일을 돌이켜보면, 나 주가 너희를 구원하려고 한 일들을, 너희가 깨닫게 될 것이다"(표준새번역, 새번역)라고 말씀하셨으며(미 6:5), "그 하신 기이한 일들을 사람들에게 기억하게 하셨으니, 주님은 은혜로우시며 긍휼이 많으시다"(표준새번역, 새번역)라고 시편 기자의 입을 빌어 전하기도(시 111:4) 하신 것입니다.

여호수아 3장은 "강이 갈라지는" 기적에 의해 이스라엘 백성들이 요단 강을 걸어 지나간 역사적 사건이 기록되어 있는 장으로, "바다가 갈라지는" 놀라운 기적 때문에 비신앙인들에게도 잘 알려진 출애굽기 14장만큼 유명하지는 않지만, 유사한 모습이 연출되는 두 상황을 비교함으로써 몇 가지 중요한 교훈을 발견할 수 있습니다.

출애굽기 14장에서는 홍해라는 바다를 앞에 두고 "이집트에는 묘자리가 없어서, 우리를 이 광야에다 끌어내어 죽이려는 것입니까? 우리를 이집트에서 끌어내어, 여기서 이런 일을 당하게 하다니, 왜 우리를 이렇게 만드십니까?"(새번역)라며 모세를 원망하던(출 14:11) 백성들이, 여호수아 3장에 이르러서는 요단 강의 큰 물 앞에서도 별다른 이의 제기 없이 여호수아의 명령대로 강물 속으로 들어갔다는 (수 3:14-15) 사실을 볼 때 특히 그러합니다. 이어지는 5장의 할례에 대한 명령과 – 가나안 입성을 목전에 둔 긴박한 시점에 – 6장에서 주어진 '바보처럼' 말없이 여리고 성 주위를 돌라는 지시에 순종했던 것도 물론이고 말입니다.

홍해는 바다이고 요단 강은 강에 '불과'하기에 덜 두려웠으리라 짐작할 수도 있지만, 사실 그들이 발을 넣을 당시의 요단 강은 우리의 상상보다 훨씬 위협적인 모습이었을 것임이 "요단 강은 추수 때여서 물이 강둑까지 찼습니다"(우리말성경)라는 구절(수 3:15)에 관한 연구들에서 확인되고 있습니다.

 평소에는 폭이 약 30-50미터, 깊이 1-3미터에 불과하다가도 우기가 끝난 그 시점, 즉 엄청난 강우량이 누적된 데다 레바논 맞은편 산맥의 눈까지 녹아 내려 폭 1.5킬로미터에 깊이 6-7미터까지 물이 불어나며 급류와 소용돌이도 어마어마해진다는 당시의 요단 강에서 느꼈을 시각적 공포감은 바다가 주는 그것보다 딱히 덜할 것도 없었을 테니까요.

 그렇기에 눈앞의 상황만으로는 발을 뗄 용기가 나지 않았을 그들이 '제 발로' 물속에 걸어 들어갈 수 있었던 데에는, 반복적으로 "기억하라", "잊지 말라"를 외치는 신명기의 명령을 비롯하여 광야에서 베푸셨던 당신의 인도와 보호를 잊지 않도록 모세를 통해 끊임없이 일깨우신 하나님의 권면이 크게 작용했다고 볼 수밖에 없습니다. 이에 대해 기독교 작가인 맥스 앤더스(Max Anders)는 "비록 부모 세대는 그들의 완악함으로 광야에서 모두 숨을 거두었지만, 역경을 사용해 자신들을 훈련시키신 하나님을 기억한 이스라엘 자손들은 다행히 전 세대의 실패로부터 교훈을 얻게 되었다"라는 나름의 분석을 개진하기도 했습니다.

 바울이 "믿음의 참 아들"이라 칭하는(딛 1:4) 디도에게 "그대는 스스로 모든 일에 선한 행실의 본을 보이되 가르치는 일에 성실과 진지함을 보이고"(우리말성경)라며 권고하는 디도서 2장 7절과, "믿음 안에서 참된 아들", "사랑하는 아들"이라 부르던(딤전 1:2; 딤후 1:2) 디모데에게 "이를 위하여 우리가 수고하고 힘쓰는 것은 우리 소망을 살아 계신 하나님께 둠이니… 너는 이것들을 명하고 가르치라… 오직 말과 행실과 사랑과 믿음과 정절에 있어서 믿는 자에게 본이 되어"라고 지시하는 디모데전서 4장 10-12절은, 가르치는 위치에서 말로만 행하는 지적이나 훈계가 아니라 삶의 표본으로 모범을 보일 때 그 가르침이 가장 효율적으로 이루어진다는 사실을, "본을 보이되(be a model)", "본이 되어(be an example)" 등의 표현을 통해 알려 주는 말씀입니다.

이와 더불어 바울은 "우리는 여러분 가운데서, 마치 어머니가 자기 자녀를 돌보듯이 유순하게 처신하였습니다"(새번역)라는 데살로니가 전서 2장 7절과 "그리스도 안에서 여러분에게 만 명의 스승이 있을지 몰라도, 아버지는 여럿이 있을 수 없습니다"(표준새번역)라고 한 고린도전서 4장 15절에서 사랑을 바탕으로 친밀한 관계를 나누며 영적 삶을 공유하는 일의 중요성도 시사하고 있는데, "그대 자신과 그대의 가르침을 살피십시오. 이런 일을 계속하십시오. 이렇게 함으로써, 그대 자신도 구원하고, 그대의 말을 듣는 사람들도 구원할 것입니다"(새번역)라고 권면하는 디모데전서 4장 16절은, 가르치는 이의 교훈이 본인 자신을 가르칠 수 있을 뿐 아니라 가르치는 자와 가르침을 받는 이의 "구원"에까지 이어짐을 일깨워 주는 구절입니다.

물질적 측면에서 종종 이전 세대보다 풍족한 여유를 경험하는 다음 세대가 하나님과의 관계에서는 그와 정반대의 양상을 보이곤 하는 현실을 생각할 때, 차세대를 키우는 일에서의 성공을 세상의 문화나 풍조가 말하는 성공과 같은 기준으로 판단할 수는 없을 것입니다. 하나님이 자신을 창조하신 이유와 저마다의 독특한 목적이 실현되도록 사명을 부여 받은 존재로서의 정체성을 깨닫지 못하는 사람이라면 세상적 정보와 메시지에 휩쓸리고 오염되는 삶을 살기 십상일 테니 말이지요.

작가인 달린 쉬아치트(Darlene Schacht)가 이와 관련하여 제시한 "우리가 아이들에게 하나님이 어떤 분이신지(who God is) 정확히 가르치지 않는다면 누군가가 그들에게 실제와 전혀 다른 그분의 모습(everything that He isn't)을 가르치게 될 것이다"라는 경고는, "우리가 아이들에게 '하나님을 따르라'고 가르치지 않는다면 세상이 그들에게 '그렇게 하지 말라'고 가르칠 것이다"라는 유사한 의미의 문구도 떠오르게 합니다.

요단 강 동편에 남기로 한 지파들이 자신들이 세운 제단 때문에 생긴 오해를 풀기 위해 여호수아 22장 25절에서 전했던 "그대들의 자손이 우리의 자손을 막아서, 주를 경외하지 못하게 할까 염려가 되어서"(표준새번역)라고 하는 답변은, 자손들에게 하나님의 행하심을 기억하도록 가르치지 않았을 경우 발생할 결과에 대한 그들의 우려를 잘 드러내 줍니다. 실제로 그들이 우려했던 것과 정확히 일치하는 상황이 "그 세대가 모두 조상 곁으로 돌아갔고 그들을 뒤이어 여호와를 모르고 여호와께서 이스라엘을 위해 행하신 일도 전혀 모르는 다른 세대가 자라났습니다"(우리말성경)라는 사사기 2장 10절에서 목격되고 있으며, "요셉을 알지 못하는 새 왕이 일어나 애굽을 다스리더니"라는 출애굽기 1장 8절 또한 – 이스라엘 백성이 겪은 온갖 수모와 고통의 원인이 되었던 – 같은 맥락으로 이해하게 되는 구절입니다.

오랜 시간 무신론자의 삶을 살다 회심한 영국 언론인 피터 히친스(Peter Hitchens)의 저서, 『하나님을 향한 분노』(The Rage Against God)의 서문에서 역자인 제가 주장했던 것처럼, 오늘날 영국 기독교가 '전멸'의 상황을 맞은 근본적 원인은 영국의 전후 세대가 보였던 불안정한 신앙관과 가치관, 그리고 스스로 포기한 어른으로서의 권위로 인해 차세대에게 확고한 신앙과 삶에 대한 바른 자세를 유산으로 물려 주지 못했던 데에 기인하고 있습니다.

계몽주의 사상가인 폴 앙리 디트리히 돌바크(Paul Henri Dietrich d'Holbach)가 "모든 어린이들은 무신론자로 태어나며, 그들은 신에 대한 개념이 없다"고 말했다지만, 각 사람에 따라 달리 베푸시는 하나님의 맞춤형 사랑과 계획을 믿고 있는 우리 크리스천들은 파스칼(Blaise Pascal)이 남긴 "모든 사람의 마음에는 오직 하나님만이 채우실 수 있는, 하나님 모양의 빈 공간(God-shaped vacuum)이 있다"라는 혜언 쪽에 확신을 두며 지지를 보냅니다.

그런 만큼 하나님의 형상으로 창조되어 그분의 귀한 자녀로 맡겨진 다음 세대를 청지기의 입장에서 돌봐야 할 우리 모두에게, 일관성 있는 자세로 하나님의 말씀과 그분이 행하신 일들을 가르치고 전할 막중한 사명이 주어져 있다는 것은, 어느 누구에게도 예외 없이 적용되어야 할 책무라고 하겠습니다.

"마땅히 행할 길을 아이에게 가르치라 그리하면 늙어도 그것을 떠나지 아니하리라"라는 잠언 22장 6절이 하나님께서 우리에게 내려 주신 명령이라면 "하나님, 주님은 어릴 때부터 나를 가르치셨기에, 주께서 보여 주신 그 놀라운 일들을 내가 아직도 전합니다. 내가 이제 늙어서, 머리카락에 희끗희끗 인생의 서리가 내렸어도 하나님, 나를 버리지 마십시오. 주께서 팔을 펴서 나타내 보이신 그 능력을 오고오는 세대에 전하렵니다"(표준새번역)라는 시편 71편 17-18절은 그 명령에 대해 올려 드리는 우리의 답변이자 다짐이어야 마땅할 것입니다. "오고오는 세대"에게 우리가 끊임없이 전해야 할 유산은 각자가 경험한 하나님의 "놀라운 일들"이기 때문입니다.

27

행하신 일을 기억하라(2)

자녀들에게 베풀어야 할 가르침의 표본인 신명기 6장의 내용 가운데 특히 4-9절에 기록된 말씀을 "쉐마(혹은 "셰마", "셔마")"라는 명칭으로 부르곤 하는데, 히브리어로 "들으라(Hear)"라는 의미를 가진 이 쉐마(Shema)는 토라(Torah)의 일부 구절들(신 5:1; 6:3, 4; 9:1; 20:3)에서 첫 두 단어인 "쉐마 이스라엘(יִשְׂרָאֵל שְׁמַע: Sh'ma Yisrael)", 즉 "이스라엘아, 들으라"라는 말을 줄여 쓴 표현입니다.

많은 사람이 신명기 6장 4-9절만을 가리킨다고 오인하는 듯한 "쉐마"는 사실상 민수기 15장 37-41절과 신명기 11장 13-21절을 포함한 세 구절 모두를 일컫는 총칭으로서, 유대인들이 아침 저녁 예배 때와 욤 키푸르(Yōm Kīpūr: 대속죄일) 마지막 예배(Ne'ila)의 절정 시 기도문으로 사용할 만큼 유대교 신앙의 핵심을 이루는 것으로 알려져 있습니다.

"쉐마"에 포함되는 구절들 중 본 주제와 직접 관련되는 민수기 15장 39-40절은 "이 술들은 너희가 보고 여호와의 모든 명령을 기억해 그것들을 행하고… 그러면 너희는 내 모든 명령들을 기억하고 그대로 행해"(우리말성경)라고 하여 잊지 않고 기억하도록 돕는 매개로서 "술"을 겉옷의 끝자락에 달라고 하는 지시이며, "내가 한 이 말을 마음에 간직하고, 골수에 새겨 두고… 또 이 말을 너희 자녀에게 가르치며, 너희가 집에 앉아 있을 때나 길을 갈 때나, 누워 있을 때나 일어나 있을 때나, 언제든지 가르쳐라 너희의 집 문설주와 대문에도 써서 붙여라"(표준새번역)라는 신명기 11장 18-20절(신 6:6-9)도 '머리'와 '골수'에 새겨질 수 있도록 "글"로 써서 붙이라고 하는 명령인 만큼, "쉐마"의 핵심 주제 역시 이번 장의 주제와 같이 본인 스스로 하나님의 말씀을 새기고 기억하면서 자녀들에게도 늘 교육하며 상기시키도록 권면하는 교훈임을 확인할 수 있습니다.

여호수아 3장의 요단 강 '도하 사건' 이후 4장에 들어서면 여호수아가 각 지파의 대표들을 불러 모아 강 한복판에서 돌을 취하도록 명하는 장면이 나오는데, "훗날 너희 자손이 그 돌들이 지닌 뜻이 무엇인지를 물을 때에, 그들에게, 주의 언약궤 앞에서 요단 강 물이 끊기었다는 것과, 언약궤가 요단 강을 지날 때에 요단 강 물이 끊기었으므로 그 돌들은 이스라엘 자손에게 영원토록 기념물이 될 것임을, 말해 주어라"(표준새번역)라는 4장 6-7절(수 4:21-22)에는 "돌"이라고 하는, 기억을 돕는 또 하나의 매개체가 등장합니다.

백성들의 도하가 이미 끝났음(수 3:17; 4:1, 11)에도 여호와의 명령이 완수될 때까지 제사장들이 강 한가운데에 계속 서 있었다는 기록(수 4:10, 18)은, 그들이 강을 무사히 건너는 것만큼이나 "기념"을 위한 돌들을 취하는 일도 그 못지않게 중요한 임무였음을 알 수 있게 해 주는 사실입니다.

여호수아 3장과 4장 모두에 요단 강의 갈라짐과 맨땅 위를 걸어 지나는 이스라엘의 행적이 보고되어 있지만, 3장의 경우 그 주안점이 강을 가르는 일에 동원된 "언약궤"라면, 4장에서는 물이 갈라진 자리에 세워진 "기념비(돌)"로 초점이 바뀐다는 차이점이 있습니다. "언약", 즉 "약속"이라는 뜻이 내재된 언약궤(the ark of the covenant)는 증거판(십계명이 새겨진 돌판)을 포함하고 있다는 이유에서 "증거궤"(the ark of the testimony)라고 불리기도 하는바, 이 "증거" 혹은 "증언"이란 하나님께서 내리신 명령(말씀)에의 "입증"을 의미하는 개념입니다.

또한, 요단 강에서 옮겨 올 돌에 대해 여호수아가 "그것이 너희 가운데 징표가 될 것이다"(우리말성경)라고 설명하는 6절 앞부분에서의 "징표/표징(sign)", 그리고 7절에 등장하는 "기념물(memorial)"이라는 단어 역시 추후에까지 '증거'로 사용될 물건을 지칭하는 표현으로, 이를 통해 "언약궤(증거궤)"와 "기념비"는 모양과 종류만 다를 뿐 결국 잊지 않도록 기억시키는 매체로서의 공통 인자라는 점을 알 수 있습니다.

"행하신 일을 기억하라"라는 제목과 주제의 글에 홍해와 요단 강에서 보여진 하나님의 역사를 이처럼 반복적으로 언급하게 되는 것은 이스라엘 민족의 "물"에 대한 유별난 공포심과 결코 무관하지 않습니다.

지구의 모양이 네모라 믿던 중세 시대까지 그 끝을 낭떠러지로 생각한 사람들이 먼바다에 나가길 꺼린 것은 일반적 현상이었지만, 노아 홍수에 대해 배워 알기에 물에 대한 '트라우마'가 특별할 유대인들은 그에 덧붙여 "물"이라는 대상 자체가 "괴물들이 사는 혼돈과 재앙의 장소, 악마의 힘이 지배하는 미지의 세계"라는 상상까지 동원하며 큰 두려움을 갖고 있었다고 하니까요.

호수와 강, 바다에 대한 명칭도 큰 구분 없이 구약성경에서는 주로 "얌(ם׃ yâm)", 신약성경에서는 "달랏사(Θάλασσα: Thálassa)" 등으로 통칭하고 있을 뿐 아니라 – 실제로는 '호수'인 "갈릴리"가 성경에 '바다'로도 기록되어 있듯 – 심지어 제사장들이 손을 씻는 물그릇까지 "바다(Sea)", 혹은 "놋바다/청동바다(bronze Sea)"라고 부를 정도로 물을 묘사하는 어휘가 세분화되지 않은 것은 그들에게 물이 그만큼 직면하기 두렵고 회피하고 싶은 대상임을 방증한다는 연구가 발견되기도 합니다.

그렇기에 하나님이 홍해와 요단 강을 가르시고 그 바닥을 훤히 드러내어 맨땅을 걸을 수 있도록 하셨던 것은, 그들이 가장 두려워하는 대상을 속속들이 들여다 **보며** 발로 **밟을 수** 있게 함으로써 그 일을 잊혀지지 않도록 하시려는 이스라엘에의 '맞춤형' 교육이었던 셈이지요.

우리들 각자에게 행해 주신 홍해와 요단 강의 갈라짐, 그리고 그 위를 밟고 걸은 경험 역시 그 모양과 종류가 각기 다를 것입니다.

각각의 사람이 느끼는 두려운 상황이나 트라우마의 대상이 모두 다를 것이고 그 대상을 극복하는 과정에 하나님께서 개입하신 방법도 저마다 달랐을 테니 말입니다.

이스라엘이 그토록 두려워했다는 "바다"가 리워야단과 라합을 대적해 물리치신(욥 9:13; 26:12; 시 74:14; 89:10; 사 27:1; 51:9) 하나님의 강하고 능하신 손에, 그리고 파도와 바람을 꾸짖어 잠재우시는(시 89:9; 93:4; 합 3:15; 마 8:26; 막 4:39; 눅 8:24) 주님의 크고 웅장한 음성에 의해 지배되고 평정되었듯, 바다의 주인이신 하나님께서 우리 삶의 리워야단 혹은 파도와 바람을 이미 잠재워 주셨으며, 앞으로도 또한 그리 하실 것이라고 "주 너희의 하나님은, 너희가 너희의 눈으로 본 대로, 큰 재앙과 표적과 기적을 일으키시며, 강한 손과 편 팔로 너를 이끌어 내셨다. 주 너희의 하나님은, 지금 너희가 두려워하는 모든 민족에게도 그와 같이 하실 것이다"라는 신명기 7장 19절(신 11:7)이 힘주어 선포하고 있습니다.

이처럼 각자의 삶에서 경험한 하나님의 "놀라운 일들"(시 71:17)과 "훌륭한 일들"(시 78:4)을 늘 기억해야 마땅함에도 실제로 그렇지 못한 우리의 입장에서는 그 부족함을 보완해 줄 수 있는, 즉 잊지 않고 기억하며 기념하는 데 도움이 될 "매개체"에 대한 고민이 반드시 필요하리라 봅니다.

그러한 고민을 나누며 이 책의 글들을 마무리함에서, 우선 가장 대표적인 매개체로 "기록"을 들 수 있을 것입니다. "다음 세대가 읽도록 주께서 하신 일을 기록하여라"(표준새번역)라는 시편 102편 18절과 "이제 가서 이것을 돌판에 새기고 두루마리에 기록해서 훗날을 위해 영원한 증거가 되게 하라"(우리말성경)라는 이사야 30장 8절, 그리고 "이제 너희는 이 노래를 써서 이스라엘 자손들에게 가르쳐 그들의 입으로 부르게 하여 이 노래로 나를 위하여 이스라엘 자손들에게 증거가 되게 하라"라고 하는 신명기 31장 19절 등이 한목소리로 주창하고 있듯 말입니다.

사람의 기억에는 한계가 있는 만큼 일기나 간증문 형식으로 기록을 남겨 두면 잊었다가도 다시 꺼내 읽으면서 기억을 환기하며 감사를 거듭할 수 있는 이점이 있을 뿐더러, 후에 다음 세대가 그 글을 바탕 삼아 우리가 범한 실수나 어리석음을 반복하지 않게 되리라는 기대도 가져 볼 수 있겠지요.

"기록"이라는 수단이 스스로의 기억을 위한 '사적인' 매개라면, 타인들과 나누는 "간증"은 보다 '공적인' 또 하나의 매개체로 고려될 수 있을 것입니다. "간증(testimony)"이 위에서 언급된 "증언"과 같은 개념임과, "증언"이라는 '법률 용어'의 본래 의미인 "실제로 **경험**한 일을 **그대로** 진술하는 일"이라는 정의가 시사하듯, 자신이 보고 듣고 목격한 하나님의 행하심을 타인에게 전하는 것은 그 자체만으로 적지 않은 영향력을 발휘하는 일입니다. 비록 말주변이 좋지 않거나 아는 것이 많지 않은 사람이라 해도 모든 이에게는 하나님과 자신만 알고 있는, 그래서 자신만이 전할 수 있는 메시지가 분명 존재하니까요. 그분의 이야기(His Story)를 통해 만들어진 개개인의 역사(history)는 각기 다르고 또 특별하기에, 『사영리』나 『전도 전단』 같은 건조한 '자료'들에 좀처럼 마음을 열지 않던 사람이 누군가의 독특하고 진솔한 경험담에는 쉽게 귀를 열 가능성도 있습니다.

성경이 "그의 영광을 만국에 알리고, 그가 일으키신 기적을 만민에게 알려라"(표준새번역, 새번역)라는 역대상 16장 24절(시 96:3)이나 "하신 일을 우리가 대대로 칭송하고, 주의 위대한 업적을 세세에 선포하렵니다"(표준새번역), "사람들이 주가 하신 두려운 일들이 얼마나 힘이 있었는지 말할 것이니 나도 주의 위대하심을 선포하겠습니다"(우리말성경)라는 시편 145편 4, 6절을 통해 우리에게 베푸신 주님의 기적과 위대한 업적, 두려운 일들을 알리고 선포하도록 권고하는 것도 그런 이유 때문이 아닐까 짐작하게 됩니다.

여호수아 4장 8-9절의 약간 모호한 표현 때문인지 9절과 20절에 언급되어 있는 "열두 돌"이 같은 돌인지 그렇지 않은지에 대해서도 학자들 간의 의견이 분분하기는 하지만, 요단 강의 한가운데와 그들이 묶을 길갈에 열두 개씩 세워 두었다는 기록을 볼 때 각기 다른 12개의 돌(총 24개)로 판단함이 보다 합리적인 해석이 될 수 있을 것입니다. 하나님께서 왜 그 돌들을 두 곳에 각각 세워 두도록 명할 만큼 중요하게 생각하셨는지도 유대인의 "돌"에 대한 관념에서 근거를 찾을 수 있겠는데, 히브리어로 "돌"을 일컫는 어휘인 "*even*(אבן)"이 "연속성," "영원함"을 의미하는 "*av*"와 "*ben*"의 합성어일 만큼 그들에게 돌이란 계속적 기억이나 기념과 연결된 상징성을 갖는 물건으로 알려져 있기 때문입니다. <쉰들러 리스트>(*Schindler's List*)라는 영화의 마지막 부분에서 망자의 관 위에 돌을 올려 놓는 모습을 처음 보고 큰 문화충격을 받았던 저에게는 무척 강렬한 인상으로 남게 된 사실이기도 합니다.

　우리가 세상을 떠난 이들에게 주로 바치곤 하는 꽃을 오히려 '소멸'의 상징으로 보는 그들은 추모의 염을 표할 때 꽃이 아닌 돌을 관 위에 올려 놓는다고 하니, 이 역시 그들에게 두고두고 **기억**하며 **기념**하도록 하기 위해 돌이라는 매개를 택하신 하나님의 '맞춤형' 교육이었음을 짐작하게 됩니다.

　잊지 않고 기억할 것에 대한 권면이 주를 이루는 "쉐마"가 기도문으로 사용된다는 사실은 "완벽한 **기도**란 수많은 미사여구의 나열이 아니라 하나님의 놀라운 일들을 조용히 **기억**하는 것이다"라는, 기도에 대한 인상적 정의를 떠오르게 합니다.

　"그는 네 찬송이시요 네 하나님이시라 네 눈으로 본 이같이 크고 두려운 일을 너를 위하여 행하셨느니라"라는 신명기 10장 21절의 말씀이 "**찬양**이란 자신의 문제(what's *wrong* with you)에 관해서는 모두 잊고 하나님의 옳고 정확하심(what's *right* with God)만을 기억하는 일이다"라는, 찬양에 대한 마크 배터슨(Mark Batterson)의 정의를 생각나게 하는 것과 마찬가지로 말입니다.

　여호와의 놀라운 역사가 일어났던 실제 장소에 돌을 세우라고 명하심으로써 그들의 마음 안에 당신이 행하신 일이 기억되도록 조치하신 하나님께서는, 강물이 다시 그 위를 덮어 보이지 않게 되면 쉽게 잊어 버릴 – 눈에서 멀어지면 마음에서 멀어지는 – 인간의 속성에 대비해 눈으로 직접 볼 수 있는 길갈이라는 장소에 같은 돌들을 또 세우도록 명령하셨습니다.
　우리가 저마다의 마음속에 혹은 자신만의 기록으로 남겨 둔 강 바닥의 열두 돌은 과연 무엇이고, 다른 이들도 볼 수 있도록 길갈에 세워 둔, 즉 여러 사람들과 간증으로 나눈 열두 돌은 어떤 것이었는지 이 글을 통해 다시 한 번 생각해 보는 기회가 되었기를 바라면서 지금까지의 모든 글들을 마무리하고자 합니다.

끝맺는 글

"하나님에 대해 **공부**하는 사람이 극히 적음으로 믿음의 성장을 이루는 사람도 극히 적다"라고 하는 D. L. 무디(D. L. Moody)의 지적은 하나님(즉, 그분의 말씀)에 대한 공부와 우리의 믿음 사이에 존재하는 직접적 연관성에 대한 시사이자 기독교인 전반에게 가하는 따끔한 일침이기도 합니다. 많은 기독교인들이 말씀에 대한 공부를 기도나 성령 체험 등의 '영적 분야'와 분리하면서 지적인 접근과 영적인 경험이 별개의 것인듯 따로 떼어 구별하는 경우를 종종 보지만, 책의 본문에서도 언급한 바 있듯 말씀에 대한 지식, 즉 "하나님의 아들을 아는 지식"은 믿음 전반의 모든 요소를 아우르는 "경험적이고 인격적인 앎"임을 기억할 필요가 있습니다.

더불어 "**성경 전체**를, 부분이 아닌 **전체**를 공부하라"며 성경에 대한 '총체적' 지식을 강조한 무디의 주창은, 흔히 "큐티"라고 불리는 묵상에 중점을 두어 말씀 하나하나를 깊이 있게 숙고하는 기독교인들도 막상 신구약 성경 전체의 맥락에서 그 말씀을 바라보는 시각은 부족한, 즉 각각의 나무는 자세히 들여다 보지만 숲 전체를 보는 거시적 안목은 결여한 작금의 현실을 두고 그가 느끼던 안타까움의 표출이 아니었을까 생각해 보게 합니다.

"모든 지혜의 총집합은 하나님과 우리 자신을 아는 일이다"라고 칼빈(John Calvin)도 말한 바 있거니와, 우리의 "정체성과 운명의 핵심 부분"을 그 마음속에 감추고 계신 하나님이 말씀을 통해 허락하시는 그분과 우리 자신에 대한 깨달음은, 세상 모든 지혜의 완결체이자 믿는 이들이 반드시 갖추어야 할 무기일 것입니다.

육신을 입은 채 물질 세계 속에서 살아가는 우리들이 육안으로 보이는 물리적 세계 외에 다른 차원의 영적 세계가 존재하며 그 세계 안에서 선과 악, 빛과 어둠의 전쟁이 끝없이 진행되고 있음을 항상 의식하며 살기는 쉽지 않은 일이지만, 이러한 일상의 전쟁에 "성령의 검(the sword of the Spirit)", 즉 "성령께서 깨달음을 주신 하나님의 말씀"을 무기로 갖추고 나서기만 한다면 우리의 영적 전쟁이 "승리를 위한(for victory)" 싸움이 아니라 "승리를 기반으로 한(from victory)" 싸움, 즉 이미 승리를 거둔 싸움이라는 하나님의 약속("너희가 이 세상에서는 고난을 당할 것이다. 그러나 담대하라. 내가 세상을 이미 이겼다"; 요 16:33)을 매 순간 삶 속에서 경험할 수 있겠지요.

가버나움의 백부장이 보인 신실한 믿음을 "예수께서 이 말을 듣고 놀랍게 여겨 따라온 사람들에게 말씀하셨습니다"(우리말성경)라고 증언한 마태복음 8장 10절(눅 7:9)과, 주님을 불신했던 고향 사람들에 대해 "예수께서는 그들이 믿지 않는 것에 놀라셨습니다"(우리말성경)라 꼬집은 마가복음 6장 6절을 비교해 읽을 때마다 늘 기억나곤 하는, "믿지 않음으로 주님을 놀라게 하지 말고 믿음으로 주님을 놀라게 하면 얼마나 좋겠는가"라는 어느 책의 권면도 그러하듯, "하나님에 대해 정확히 '공부'하는 사람들이 점점 많아짐으로 '믿음'의 성장을 이루는 사람도 점차 많아지는" 기쁨의 그날이 속히 오기를 간절한 마음으로 기도합니다.